종말의 밥상

종말의 밥상

펴낸날 | 2020년 6월 15일 초판 1쇄

지은이 | 박중곤
펴낸이 | 이태권

펴낸곳 | 소담출판사
　　　　서울특별시 성북구 성북5길 12 소담빌딩 301호 (우)02880
　　　　전화 | 02-745-8566　팩스 | 02-747-3238
　　　　등록번호 | 1979년 11월 14일 제2-42호
　　　　e-mail | sodambooks@naver.com
　　　　홈페이지 | www.dreamsodam.co.kr

ISBN　　979-11-6027-183-6 03300

이 도서의 국립중앙도서관 출판시도서목록(CIP)은 서지정보유통지원시스템 홈페이지
(http://seoji.nl.go.kr)와 국가자료공동목록시스템(http://www.nl.go.kr/kolisnet)에서
이용하실 수 있습니다.(CIP제어번호: CIP2020016810)

종말의
밥상

박중곤 지음

소담출판사

광관(光冠)의 공습이 본격화했다

현대 아담과 이브의 밥상은 먹음직스런 음식들로 넘쳐난다. 흰쌀밥은 윤기 자르르 흘러 맛깔나 보이고, 각종 빵은 다양한 색깔과 향미로 입맛을 자극한다. 기름에 노릇노릇 튀겨낸 치킨과 색깔 화려한 피자, 햄버거, 떡 등이 가는 곳마다 사람들의 군침을 돌게 한다. 퇴근길에는 도시 거리의 화려한 조명 아래 삼겹살과 등심 음식점들이 샐러리맨의 발길을 붙잡는다.

대형할인점과 백화점 매장에서는 계절에 아랑곳없이 크고 화려한 과일과 채소가 소비자 눈길을 잡아 끈다. 가공식품 매장에는 오만가지 식품들이 판매대의 다리가 부러질 정도로 쌓여 있고, 신자유주의 확산으로 지구 반대편에서 공수된 식품들도 종류가 부지기수다.

식탁의 풍요, 인류 시작 이래 최고조

이쯤 되면 오늘날 식탁의 풍요는 인류 시작 이래 최고조에 달했다고 볼 수 있을 것이다. 하지만 그런 풍요로움과 화려함 이면에 어떤 모순과 허허로움이 상당히 자리잡고 있음을 생각은 해보았는가. 사람들은 어렴풋이 영양 가득해 보이는 식탁에 어떤 애매한 문제점이 있다는 사실을 알고는 있다. 그러나 바쁜 일상생활로 인해, 그리고 농수산물 생산자와 가공업자들의 교묘한 위장술로 인해 사실을 정확히 알고 대처하지는 못하는 실정이다.

그러는 사이 가족은 갖가지 비전염성질환에 노출돼 병원 신세를 져야 하고, 심지어 야생 먹거리에 대한 인간의 탐욕은 숲 속의 바이러스들마저 불러내 세상을 아수라장으로 만든다. 혼돈의 밥상은 지구촌에 전란이나 외계인 침공 수준의 위기를 불러왔다. 이런 밥상이 근본적으로 개선되지 않고는 인류 미래에 희망을 담보하기 어렵다.

선악과 즐기는 현대의 아담과 이브

밥상의 먹거리들은 겉모습이 멀쩡해 보이지만 실상은 고장 난 것들이 부지기수다. 대자연의 질서의 시각에서 바라볼 때 그렇다. 일례로 백화점 청과류 매장을 돋보이게 하는, 어린아이 머리만 한 과일들은 성장촉진제를 쓰거나 양액을 집중 공급해 억지로 늘려 키운 것들이 많다. 개중에는 농부의 정성이 길러낸 진실한 것들도 있지만, 반자연적인 기술이 무모하게 적용된 수상한 것들이 적지 않다. 이들은 당도가 극단적으로 향상돼, 과일인지 설탕 덩어리인지 구분하기 힘든 경우도 많다. 현대의 아담과 이브들이 좋아하는, 선악과와 다름없는 먹거리들이다.

사람들이 그러는 사이 기능성 물질이 많아 오랜 세월 건강을 지켜주는 수호자 역할을 해온 토박이 농작물들은 농장에서 대부분 추방됐다.

가축들은 '생명 안테나'가 부러져버렸다. 돼지와 소의 수컷들은 모두 거세를 당해 연일 사료 먹고 살코기와 비계만 불리는 '동물 기계'로 전락한 지 오래다. 소, 돼지 암컷들은 음양의 오묘한 만남을 모른 채 인공수정으로 임신하고, 그렇게 해서 얼떨결에 세상에 나온 새끼들은 어미, 아비와 마찬가지의 카오스적 삶을 살아야 한다. 닭도 자유롭게 돌아다니는 조류의 천성을 거부당한 채 알 잘 낳는 기계로, 혹은 단기간에 살집 잘 부풀리는 생물체로 형질 전환됐다. 물고기들도 환경호르몬 등의 영향으로 상당수가 중성화되는 등 혼돈 투성이다.

가공업자들은 이런 상황에서 식품의 맛을 극도로 끌어올리기 위해 오만가지 화학 첨가물을 사용한다. 한 사람이 평생 동안 섭취하는 식품 첨가물 양이 일본 스모선수 몸무게만큼 된다고 하니 기막힌 일이다. 식품 생산업자들은 이렇게 생산한 것들을 양껏 팔기 위해 광고 선전을 한다. 이는 에덴동산에서 뱀이 아담과 이브에게 선악과를 가리키며 "먹어봐. 맛있어."라고 속삭인 것과 같다. 현대의 아담과 이브는 유혹에 넘어가 매일같이 현대판 선악과를 즐겨 먹는다. 인간은 스스로 만물의 영장인 듯 하지만 이렇듯 다른 한쪽으론 우매해 크고, 달고, 기름지며, 화학 첨가물로 범벅된 음식들만 찾아다니는 우를 범한다.

세계보건기구(WHO)는 21세기 인류가 각종 비전염성질환으로 크게 고통 받고 있으며, 이러한 비전염성질환의 발생 양상이 수습할 수 없는 국면으로 치닫고 있다고 경종을 울린다. 세계보건기구가 지적하는 주요 비전염성질환은 비만, 암, 당뇨병, 심혈관계질환, 각종 호흡기질환 등이다. 이중 호흡기질환을 제외하고는 모두가 잘못된 먹거리와 많은 관련이 있다. 잘못된 먹거리란 칼로리는 높지만 다양한 미시영양소와 기능성 물질들이 부족한 것을 말한다. 현대판 선악과들 가운데 그런 것들이 많다. 따라서 21세기 인간은 이들 선악과와 결별해야 함에도 현실은 점점 더 그와 반대 방향으로 전개되고 있다. 그 결과는 국가 보건비용의 천문학적 증가와 제약 산업 및 의료기관의 번성 등으로 나타난다.

　인류가 이렇듯 비전염성질환의 늪에 빠져 있는 사이 최근에는 전염성질환마저 창궐해 엎친 데 덮친 격이 됐다. 사스, 메르스, 신종플루, 에볼라 출혈열 외에 조류인플루엔자 등 인수공통전염병과 심지어 구제역, 아프리카돼지열병 등마저 출현해 사회와 식탁을 혼란의 도가니로 몰아넣었다. 그런 카오스의 압권 가운데 하나로 2020년 초부터 전 세계를 강타한 '코로나19(신종 코로나 바이러스 감염증)'가 역사에 기록될 것 같다.

바이러스는 잘못이 없다

　코로나19는 불과 두어 달 만에 세계 경제를 침몰시켰다. 바이러스 공습을 막기 위해 각국이 국경을 봉쇄하는 바람에 공항들이 텅텅 비었고, 세계 주요 관광지들에 인적이 끊겼다. 시민 외출 금지령, 상점 휴업령, 학교 휴교령 등이 내려져 도시마다 유령도시를 방불케 했으며, 유명 스포츠경기 등이 줄줄이 취소됐다. 제조업과 금융, 무역, 관광 등 산업 및 경제 전 영역에서 촘촘히 연결돼 있던 시스템이 붕괴되고, 증시가 1929년 대공황을 무색케 할 만큼 대폭락했다. 실업자들이 속출하고 사재기와 테러가 발생하는 등 지구촌이 생존을 위한 아비규환의 장으로 변질돼 갔다. 2차 세계 대전 이후 최대 위기가 현실화한 것이다.

코로나(Corona)란 천문학 용어로 '광관(光冠)', 곧 '빛나는 왕관'이란 뜻이다. 실제 전자현미경으로 들여다보면 코로나 바이러스는 불그레한 바탕에 노르스름한 왕관을 쓰고 있는 형태다. 마치 제왕 같은 위력을 지닌 존재임을 암시하는 것 같다. 그동안 인간은 이같은 바이러스를 미물로 여겨왔지만, 오늘날 지구촌을 강타한 그 힘을 감안할 때 미물이 아니라 실제 제왕의 지위를 부여해야 할 대상이 아닌가 하는 생각도 든다.

이 바이러스는 수만 년 동안 박쥐 등 야생동물을 자연 숙주로 해 살아왔는데, 최근 인간이 숲을 들쑤시는 바람에 졸지에 인간 세계로 불려나오는 상황이 됐다. 바이러스들은 생존을 위해 중간 숙주 동물을 들락거리며 변이를 지속했고, 그러다가 야생고기를 즐기는 인간 몸에까지 침입해 오늘의 사태가 야기된 것으로 추측된다. 광관의 공습은 이제 본격화했다.

이렇듯 바이러스로 인해 지구촌이 초토화됐지만 냉정히 말해 바이러스에게는 잘못이 있다고 할 수 없다. 그들의 생태계를 침범한 인간에게 문제가 있는 것이다. 야생의 동물들은 그들대로, 인간은 인간들대로 서로 영역을 침범하지 않고 사는 관계 정립이 시급하다.

코로나19와 같은 무서운 전염병의 공습은 이번으로 끝나지 않는다. 이 질병 바이러스의 기세가 백신 개발로 꺾인다 해도 다른 변종들이 나와 지구촌에 더 큰 재앙을 초래할 수 있다. 사태가 그 지경으로 치닫기 전에 인류는 사고와 행동을 획기적으로 전환해야 한다. 식품의 획득 및 소비와 관련한 패러다임을 혁명적으로 바꾸지 않고는 혼돈의 밥상으로 인한 인류 종말을 피하기 어려울 것으로 보인다.

'혼돈의 밥상'에 희망의 등불 밝힌다

이 책은 〈제1장〉에서 현대판 선악과를 양산하는 농업 생산 현장의 실태를 저적했으며, 〈제2장〉에서는 산업동물 생산 현장의 비윤리적이고 무모한 사육 실태를 들여다보았다. 〈제3장〉에서는 오늘날 만연하고 있는, 식탁 관련 전염성질환과 비전염성질환의 이모저모를 살폈고, 〈제4장〉에서는 밥상 위의 부정적 모습들을 한층 더 적나라하게 드러내었다. 그리고 〈제5장〉에서는 '혼돈의 밥상'을 거두고 '질서의 밥상'을 차릴 수 있는 5가지 방안을 제시했다.

나름대로 카오스로 넘치는 밥상에 코스모스적 질서를 부여하기 위해 목소리를 높였지만, 나의 목소리가 현실을 개선하는 데 결정적 역할을 할 것으로는 기대하지 않는다. 지구촌에서 식원병(食源病)으로 수 억 명의 사망자나 나오기 전에는 21세기 아담, 이브들의 고정관념이 바뀌기 힘들 것이기 때문이다. 그럼에도 불구하고 한 가닥 희망의 등불이라도 밝히려는 간절한 마음으로 이렇게 책을 만들어 세상에 내보낸다.

2020년 5월

박중곤

/ 차례 /

PART 1

선악과를 따는
사람들

대자연의 정상적인 운행 속에 생산된 농식품들이 많지 않다. 농부가 농장에서부터 교만의 바벨탑을 쌓고, 그 결과 얻어진 '현대판 선악과'들이 매일같이 소비자 식탁에 오른다. 현대인의 식탁은 시간이 지날수록 점점 더 카오스 상태로 접어든다.

계절을 거스른 이단아

○

농장에서 식탁까지 불편한 진실들이 적나라하게 펼쳐진다. '현대판 선악과'라 할 수 있는 기이한 농산물들이 첨단기술이란 미명하게 대량으로 재배돼 밥상에 오른다.

농산물 마트, 한겨울도 봄·여름 풍경

가장 흔히 눈에 띄는 것은 계절을 거슬러 생산되는 과일과 채소들이다. 도시 농산물 마트의 진열대는 한겨울에도 봄, 여름 풍경이다. 여름이나 봄에 나와야 할 채소, 과일들이 한꺼번에 출하돼 팔린다. 계절의 정상적인 흐름과, 해와 달의 신비한 운행은 이들을 완전히 비껴갔다.

산업화, 도시화 이전만 해도 겨울에는 채소 반찬이라고 해봐야 김장 김치나 동치미, 무시래기 정도였다. 여기에 좀더 보탠다면 가을 햇볕에 꾸덕꾸덕 말린 호박, 가지, 무청 등이 반찬으로 만들어져 밥상에 올랐다. 푸성귀가 나지 않는 계절에 부족한 비타민을 보충할 수 있는 것으로 그 이상 가는 것들도 없었다. 과일은 너무 부족한 시절이었으므로 가을에 수확한 배나 감 등을 잘 보관했다가 어쩌다 내어 먹었다.

이렇게 근근이 겨울을 지내다가 봄나물이 돋아나기 시작하면 사람들은 바구니를 챙겨들고 들로 나갔다. 한 해의 새로운 먹거리를 찾는 여정은 이렇게 시작됐다.

제철이 180도 뒤바뀐 딸기

그런데 과학농법의 발달로 요즘은 상황이 완전히 바뀌었다. 신체가 혹한에 둘러싸인 계절에도 봄, 여름의 신선 농산물들이 매일같이 몸 안에 들어온다. 물류 시스템이 발달하고 국가 간 자유무역협정(FTA) 체결이 늘면서 심지어 적도 지방 농산물들도 쏟아져 들어오고 있다. 남해안 따뜻한 곳에서 겨울을 맞은 월동무나 월동배추를 실어다 서울에서 파는 것 정도는 이해되지만 파인애플, 바나나, 망고, 아보카도, 용과 등 열대 과일과 콜리플라워, 콜라비, 차요테, 카사바 등 열대 채소가 마트의 진열대를 채우고 있는 것은 어리둥절한 풍경이다.

발달한 비닐하우스 농사는 농산물들을 제 계절에 상관없이 식탁에 오를 수 있게 한 일등공신이다. 여름 과일이 겨울이나 봄 과일로 둔갑하고, 한 철에만 볼 수 있던 농산물이 사철 출하되는 등 농산물 분야에서 제철 개념이 상당 부분 사라져 버렸다.

딸기는 제철이 180도 뒤바뀐 대표적 농산물이다. 산업화 이전에는 6월은 되어야 딸기를 맛볼 수 있었다. 요즘 딸기는 12월에 출하되기 시작에 이듬해 여름이면 마트 판매대에서 대부분 모습을 감춘다. 조물주가 당초에 더운 날씨에 잃어버린 입맛을 되찾으라고 보내준 새콤달콤한 열매인데, 인간은 그런 창조의 섭리에 관심을 보이지 않는다. 작은 열매를 어린애 주먹처럼 크게 만들어 겨울에도 양껏 먹을 수 있는 방향으로 머리를 굴린다.

밖은 눈이 펑펑 쏟아지는 한겨울인데도 딸기를 재배하는 비닐하우스 안은 아열대 기후와 같다. 난방기가 연신 더운 바람을 쏟아내기 때문이다. 하우스 안에선 딸기가 양액을 받아먹으며 녹색 덩굴을 쭉쭉 뻗어나가고, 수정을 위해 투입한 벌들이 빙글빙글 원을 그리며 난다. 벌들의 비행이 증가하면서 녹색이던 하우스 내부에는 붉은 빛깔이 얼비치기 시작한다. 그 색깔은 점점 진하게 확대돼 잎사귀 사이사이로 보석 같은 얼굴을 내민다.

과육이 솜뭉치 같다

딸기는 크며 먹음직스럽고 실제 당도도 높다. 소비자 욕구를 반영해 당도와 과를 키우는 쪽으로 품종 개량을 거듭한 결과다. 거기에다 상품성 향상을 위한 농부의 정성이 더해져 크기도 고르고 반지르르하게 윤택이 난다. 여인의 홍조 띤 얼굴처럼 불그레한 빛깔은 소비자로 하여금 저절로 군침을 삼키게 만든다.

하지만 이처럼 외양이 훌륭해도 내실은 그렇지 못한 경우가 많다. 계절을 거슬러 지나치게 인위적으로 재배한 탓에 과육이 솜뭉치처럼 무른 것이다. 그래서 물에 씻다 보면 뭉개지는 경우가 많고, 상온에서 며칠 못 가 곰팡이가 생기는 등 상하게 된다.

과거 노지에서 재배해 7월에 따먹던 딸기는 이렇지 않았다. 크기가 요즘 딸기에 비해 작고 색택도 초라했지만 과육이 치밀해 쉽게 무르지 않았다. 당도가 요새 딸기보다 낮았지만 단맛 외에 새콤한 맛도 곁들여 있어 어떤 조화로움을 갖춘 실과임을 느끼게 했다. 이러한 조화는 대지를 고문하는 태양과 비바람과 이슬 등 자연이 만들어 준 것이었다. 그에 비하면 요새 딸기는 철저히 양액과 비료 등에 의해 길러진, 공산품에 버금가는 농산품이라 할 수 있다.

참외와 수박도 딸기처럼 계절을 거스르는 이단아들이다. 본래 참외, 수박은 더위를 식히라고 대자연이 선사하는 대표적인 여름 과일들이다. 그런데 이들이 언제부턴가 겨울부터 시장에 나오기 시작해 봄철에도 흔히 먹을 수 있는 과일로 둔갑하면서, 사람들은 이들을 봄 과일인지 여름 과일일지 헷갈려 하는 지경에 이르렀다.

공산품 같은 농산품

기성세대가 어릴 때는 참외, 수박밭에 원두막이 있었다. 이들 과일은 여름 장마철을 전후해 기세 좋게 성장했다. 원두막에 앉아 하염없이 그어지는 빗줄기를 바라보노라면, 빗줄기 사이사이로 노란 참외가 배꼽을 드러낸 채 뒹굴고 있는 것이 보였다. 수박들도 그렇게 비바람을 맞으며 덩치를 불려갔다. 수박밭, 참외밭 사이사이에 간작 형태로 심은 도라지들은 희거나 보랏빛인 통꽃을 아름답게 밀어 올렸고, 개구리들이 뛰쳐나와 장마철을 합창하곤 했다.

장맛비가 물러가고 나면 햇볕은 더욱 따가와졌고, 참외와 수박은 대지의 열기를 받아들여 이를 점점 짙은 당으로 바꾸었다. 사람들은 이들을 따다가 깊은 우물물에 담가두었다. 수박은 우물에서 꺼내어 주먹으로 내리치면 반으로 쫙 갈라지며 검붉은 속살을 드러내었다. 이를 허겁지겁 먹다보면 무더위가 저만큼 달아나곤 했다. 참외도 더위를 날려버리는 데 구원투수 역할을 했다. 요즘 이들 과일이 겨울부터 마트 매장에 등장해 봄에 절정을 이루는 것을 보노라면 조물주의 의도를 외면하고 계절을 뒤바꾼 인간의 재주에 혀가 내둘러질 지경이다.

조물주 뜻 외면한 인간의 재주

풋고추 역시 여름철에 흔히 먹던 농산물이지만 요즘은 사정이 완전히 달라졌다. 봄부터 겨울까지 사계절 내내 먹을 수 있다. 고추는 본래 여름에 풋고추 형태로 따 먹다가 가을이면 홍고추 형태로 수확해 고춧가루로 이용하던 작물이다. 그런데 비닐하우스 농법 발달로 이제는 아무 때나 풋고추를 밥상에 올릴 수 있는 시대가 됐다.

요즘은 풋고추가 한겨울에 더 싱싱하다. 그런데 특유의 매운 맛은 전혀 없고 오이처럼 밍밍하다. 과학자들이 소비자 기호를 감안해 매운 맛 성분을 빼버린 탓이다. 풋고추는 딸기나 참외처럼 계절을 완전히 거스르는 데 그치지 않고 이처럼 맛까지 완전히 달라졌다. 풋고추 가운데는 '오이맛고추'라 해, 오이처럼 순한 맛을 내는 것도 많이 출하된다. 매운 맛이 본분인 고추의 특성을 저버리고 허우대 멀쩡한 마마보이 같은 수상한 농산물로 형질 변경된 것이다.

그렇다고 해서 요즘 하우스 농산물들이 다 문제 있다고 말한다면 어폐가 있다. 개중에는 농부의 지극정성이 보태져 상당한 생명력과 약성을 지닌 농산물들도 시장에 나온다. 하지만 이렇듯 계절을 완전히 거꾸로 돌리고 당도와 농산물 본연의 맛조차 가차없이 변질시키는 것을 보면 고개가 가로저어지지 않을 수 없다.

요즘 풋고추를 포함해 시장에 나오는 열매채소들은 거개가 계절을 잊은 것들이다. 토마토, 오이, 애호박, 가지 등이 모두 그렇다. 이들이 비닐하우스 덕분에 사철 쏟아지다 보니 신세대들은 이들을 대지가 한철에만 밀어내주는 농작물로 여기지 않는다. 토마토를 보라. 과거엔 이것을 주로 여름에 먹었지만 요즘은 사계절 내내 먹을 수 있는 농산물로 둔갑했다. 역시 주로 여름에 따먹던 오이, 호박도 일 년 내내 시장에 나오는 이상한 농산물이 되고 말았다.

그뿐인가. 5월에 자연에서 채취해 먹던 산나물, 들나물도 비닐하우스의 도움으로 1~2월에 당겨 먹을 수 있는 시대에 우리가 살고 있다. 그 바람에 현대인들은 산나물의 고유한 향취를 상당히 잃어버리는 불행에 빠졌다. 쑥갓, 미나리 등도 자연의 보살핌을 도외시한 채 지나치게 인공적으로 재배하고 당겨 먹는 바람에 고유의 맛과 향취가 상당 부분 사라졌다. 계절을 무시한 농산물들 상당수가 모두 이 지경이다.

대자연의 보살핌 차단된 수상한 농산물들

제철 농산물은 그 계절에 채취해 우리네 생명을 기르고 건강을 도모하라고 대지가 밀어내 주는 것들이다. 이들은 농부가 직접적으로 가꾸지만, 자연이 키워주는 측면도 강하다. 조석으로 안개와 이슬을 받아먹고, 햇빛과 빗물을 머금고, 바람결의 어루만짐을 느끼며 성장한다. 해

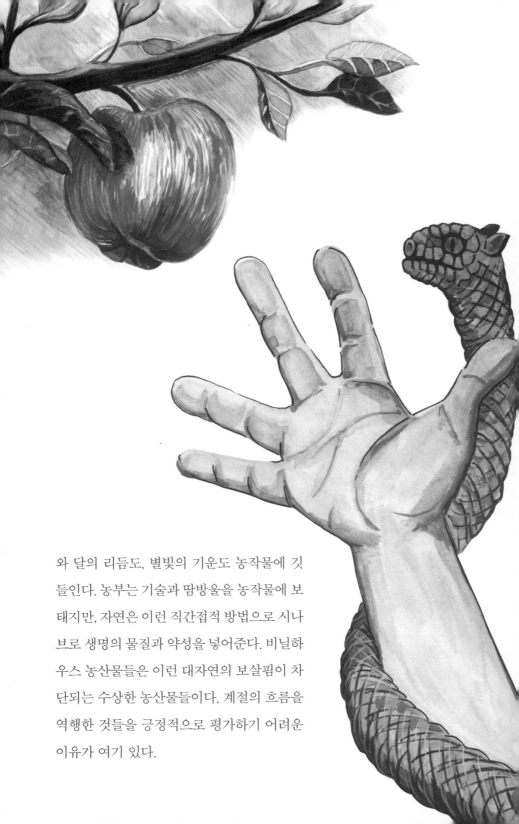

와 달의 리듬도, 별빛의 기운도 농작물에 깃
들인다. 농부는 기술과 땀방울을 농작물에 보
태지만, 자연은 이런 직간접적 방법으로 시나
브로 생명의 물질과 약성을 넣어준다. 비닐하
우스 농산물들은 이런 대자연의 보살핌이 차
단되는 수상한 농산물들이다. 계절의 흐름을
역행한 것들을 긍정적으로 평가하기 어려운
이유가 여기 있다.

과일인가 설탕
덩어리인가 ╱

○

과일은 대부분 기본적으로 단맛을 함유하고 있다. 신맛은 매실 등 일부 과일에 충만하며 많은 종류의 과일에 부분적으로 감돈다. 고소한 맛은 밤 같은 단단한 실과의 기본 맛이다. 떫은맛은 감 등의 덜 익은 과일에서 더러 찾아볼 수 있다. 그런데 오늘날에 이르러서는 거개의 과일에서 단맛이 지나치게 향상되고, 신맛 등 다른 맛들은 추방되거나 약화됐다.

당도 극도로 향상된 과일들

어느 과일은 당도가 극도로 올라와 설탕 덩어리를 먹는 것 같은 느낌을 준다. 과일의 당도 향상은 오랫동안 과학자와 농민들의 중요한 과제였다. 소비자들은 시거나 떫은 과일을 싫어하고 단 과일만 찾는 경향이다. 그러다 보니 과학자와 농민들은 신맛 등을 몰아내는 데 몰두할 수밖에 없었다. 신맛 등이 약화한 자리를 단맛이 대신했다. 오늘날 감미(甘味)가 고도화한 멜론이나 복숭아 등을 먹다 보면, 이들이 도대체 천연 과일인지 아이스크림인지 헷갈릴 지경이다.

요즘 시장에 나오는 사과는 대부분이 '후지(富士)' 계통이다. 후지는 단맛이 주를 이루며 신맛은 약간만 느껴질 정도이다. 상품에 따라 신맛이 거의 배제된 것도 있다. 추석 대목을 겨냥해 조기 출하한 것이나 백화점 등에 선물용으로 납품하는 것들이 주로 그렇다. 이들 가운데는 어린애 머리만큼 큰 것들도 있다. 갖가지 특수 재배기술을 적용해 과일을 억지로 잡아 늘리듯 부풀린 덕분이다. 이들 중에는 겉모습은 화려하지만 막상 한입 베어물면 과육이 치밀하지 못하고 단맛만 격하게 느껴지는 것들이 많다. 베란다에 놓아두면 며칠 못 가 쪼글쪼글해지고 과육이 푸석푸석해져 마치 스펀지를 씹는 것 같은 느낌이 들 때도 있다.

신맛 나는 과일, 마트에서 밀려나

물론 농부가 정상적으로 재배해 제철에 수확 출하한 사과는 그렇지 않다. 하지만 요즘은 어느 마트를 가나 크고 과육이 달디 단 사과 판매가 대세다. 몇 십 년 전만 해도 사정이 이렇지는 않았다. 당시는 '홍옥'이라고 해서 색깔이 빨갛고 맛이 아주 시큼한 것들도 시장에 많이 나왔다. 과수원에 붉은 보석처럼 돋아난 작은 홍옥들은 파란 하늘과 대조되어 가을의 서정과 낭만을 불러 일으켰다. 이제 홍옥을 포함한 신맛 나는 사과들은, 대과(大果)와 단 과일 소비 추세에 밀려 농장과 마트에서 거의 사라져버렸다.

우리나라 배는 '신고' 품종이 주종을 이룬다. 신고배 역시 크고 단쪽으로 품종 개량(?)과 재배기술의 특화가 지속돼 왔다. 덕분에 어린애 머리만 하게 자란 것들도 흔히 볼 수 있다. 배는 본래 단맛이 특징이지만 요즘 배는 자연스런 단맛보다는 웬지 솜사탕을 먹는 듯한 느낌을 주는 경우가 많다. 농부들이 특수한 기술로 과일을 너무 키워 과육이 치밀하지 못한 데다 당도 향상에 지나치게 목을 맨 결과다.

예전의 배는 조직이 치밀해 한입 베어 물 때 아삭아삭한 느낌이 신선하게 감돌았다. 과일이 단단하고 옹골차다 보니 수확해 창고에 뒹굴려 놓아도 겨우내 변질되지 않았다. 요즘 육질이 푸석푸석하고 단맛이 적정선을 넘어선 배를 먹다가 과거 배 먹던 경험을 반추하면 절로 헛김이 빠지는 것을 어쩔 수 없다.

복숭아는 '백도'와 '황도'가 주종을 이루며 '천도'도 일부 시장에 유통된다. 단물 줄줄 흐르는 백도는 감미의 절정을 이룬다. 과학자들이 극단적으로 당도를 향상시킨 결과다. 황도 역시 인간의 기술로는 더 이상 불가능할 정도로 당도가 최고도로 향상됐다. 사정이 이렇다 보니 신맛 가득한 천도는 시장에서 점점 소외되는 추세다.

참외도 '금싸라기' 품종을 주종으로 하여 과거에 비해 당도가 걸출하게 높아졌다. 포도도 '거봉', '캠벨얼리', '머스캣' 등 품종을 가릴 것 없이 당도가 사탕 수준으로 향상됐다. 당도가 어정쩡한 것은 소비자가 찾지 않으므로 시장에서 퇴출되고 만다. 과일을 새콤달콤한 맛으로 즐기던 식습관은, 단맛에 중독된 비정상적 식습관에 자리를 내어준 지 이미 오래다.

당도를 높이거나 과일을 비대하게 만드는 기술은 여러 가지다. 과일나무의 종류에 따라 다르지만 잎에 수용성 인산칼슘, 염화칼슘 등을 뿌려주거나 수확 전에 주정(에틸알코올)을 물에 희석해 살포하기도 한다. 수확기에 질소 비료 흡수를 억제하는 것도 한 방법이다. 주산지 농가들은 쉬쉬하면서 성장촉진제의 일종인 지베렐린을 사용하기도 한다. 이를 열매자루에 발라주면 배의 경우 실제 어린애 머리만큼 커지기도 한다. 농민들은 주머니가 두둑해지므로 이같은 기술의 유혹을 뿌리치지 못한다. 하지만 이런 재배 관행은 소비자의 잘못된 소비 행태와 손을 맞잡아 앞으로도 쉽게 바뀌지 않을 것 같다.

외형 못난 조상 과일들, 기능성 뛰어나다

오늘날 개량된 대부분의 과일은 저마다 외형적으로 못난 조상을 두고 있다. 사과의 경우 꽃사과, 배는 돌배, 복숭아는 개복숭아 등이 그 경우다. 이들은 크기가 매우 작고 생김새가 볼품없지만, 다양한 약성을 지녀 예부터 민간과 한방에서 좋은 약재로 이용돼 왔다.

꽃사과는 산사로도 불리는데 열매가 도토리만 해 사과의 조상이라 부르기에 민망할 지경이다. 하지만 이는 시큼한 맛과 적당한 단맛을 조화롭게 지니고 있다. 산사는 예부터 소화 불량, 식욕 부진 등을 해소하는 약재로 쓰였다. 꽃사과로 담근 술은 피로 회복과 식욕 증진에 도움될 뿐 아니라 신경과민, 불면증, 변비 등을 치료하는 효능이 있어 약술로 인기가 높았다. 꽃사과 잎은 항산화물질인 폴리페놀과 플라보노이드 함량이 후지 잎보다 2배 이상 높아 항산화 효과와 함께 혈압 및 콜레스테롤 상승 억제, 혈전 및 뇌졸중 예방, 골밀도 유지 등에 효과를 보인다는 연구 결과도 있다.

돌배도 작고 못생긴 데다 맛이 떨떠름하고 물기가 거의 없다. 그렇지만 기침과 기관지염, 천식 등의 치료에 도움 되며, 그 약성이 일반 배보다 뛰어난 것으로 알려져 있다. 돌배도 잎에 항산화물질이 다량 함유돼 있다고 한다. 개복숭아 역시 너무 작고 털이 많아 사람들이 거들떠보지 않았다. 하지만 이 역시 약성이 많다. 염증 완화 효과가 뛰어나 관절염과 기관지염 등의 치료에 도움을 주며 피로 회복, 신경 안정, 활성산소 제거, 다이어트 등의 작용을 하는 것으로 알려져 있다.

과일의 조상들이 이처럼 약성이 뛰어나지만 먹을 수 있는 부위가 적어 사람들은 오래 전부터 이 문제를 해결하는 데 지혜를 동원했다. 그 결과 접붙이기 등의 기술로 과일을 키우는 데 성공했다. 이렇게 해서 조상 과일은 여러 종류의 재래종 과일로 둔갑했다. 재래종 과일들은 크기가 적당하고 단맛과 신맛도 적절히 감돌아 사람들의 입안을 행복하게 해줄 뿐 아니라 건강도 챙겨주는 효과를 가져다주었다.

그러다가 과학기술이 진보를 거듭하며 개량종들이 쏟아지고, 인공의 무리한 기술이 적용되면서 비극이 벌어지기 시작했다. 오늘날 자연의 질서를 벗어나 억지로 잡아 늘리고 당도 위주로 맛을 변질시킨 과일들은 현대인에게 건강상 많은 문제점을 야기한다.

단 과일의 유혹에 빠져 타락의 길로

의학계에서도 당도 높은 과일을 과다 섭취하면 혈액의 지질 농도가 변화해 염증이 생기기 쉽고, 혈압 상승으로 인슐린 저항성이 생겨 당뇨병에 걸릴 위험이 커진다고 경고한다. 이는 나쁜 콜레스테롤(LDL)과 중성지방을 늘리고 비만까지 유발한다고도 한다. 천연 과일은 건강 증진에 최고라고 알고 있는 이들이 많은데, 이는 당도가 지나치게 높은 과일은 예외임을 모르는 데서 나오는 단견이다.

당도가 지나친 과일은 현대판 '선악과'라 할 수 있다. 에덴동산에서 아담과 이브가 선악과를 따먹고 타락했듯이 현대인들은 단 과일의 유혹에 빠져 또 다른 타락의 길로 들어서고 있다.

농작물의 환자식,
양액 재배

○

우리네 밥상에 오르는 채소는 거지반 양액 재배 농산물들이다. 특히 노지 재배가 불가능한 겨울이나 봄철 마트에 등장하는 채소들은 대부분 양액으로 길러낸 것들이다.

대자연이 만물 길러내는 기본 이치 외면한 농사법

양액 재배 농법은 비닐하우스 농사와 더불어 대자연이 만물을 길러내는 기본 이치를 외면한 농사법이라 할 수 있다. 이는 비닐하우스 농사가 보편화하면서 최근 함께 크게 확산됐다.

식물은 뿌리를 통해 흙의 자양분과 수분을 흡수하고, 이를 바탕으로 성장하며 열매도 맺는다. 햇빛을 받아들여 광합성 작용을 하고 이를 통해 얻어진 에너지로 성장해 나가기도 한다. 이것이 식물의 정상적인 '식사'다. 양액 재배는 과학농법이라고는 하지만 이러한 식물 성장의 근본 이치를 부정하는 특이한 농사법이다.

사람은 입맛이 없어 밥을 못 먹거나 병원에 입원해 치료받을 때 링거주사를 맞는다. 링거주사는 포도당이나 알부민 등을 혈관에 주입해 식사를 대신토록 하는 것이다. 양액 재배는 이와 비슷한 방법으로 식물에 영양액을 공급하는 것으로, 일종의 환자식이라 해도 과언이 아니다.

모름지기 사람은 밥을 잘 먹어 체력을 확보해야 한다. 우리가 식사를 통해 얻을 수 있는 영양소는 다양하다. 채소, 과일, 육류, 해산물, 곡식 등을 골고루 섭취함으로써 탄수화물, 지방, 단백질과 다양한 비타민 및 무기질을 받아들여 원기를 충전하고 건강을 증진할 수 있다. 링거주사를 통해 받아들이는 포도당과 알부민 등은 식사를 대체하거나 보완하기 위한 것이므로 식사만큼 종합적인 체력 유지 효과를 기대하기 힘들다.

양액 재배 춘추 전국 시대

요즘 비닐하우스에서 계절을 거슬러 재배되는 농산물들은 거개가 병원 침상에서 링거 줄 매달고 있는 인간과 다름없다고 할 수 있다. 토마토, 딸기, 파프리카, 풋고추, 가지, 오이, 애호박, 멜론 등의 과채류와 상추, 미나리, 쑥갓, 신선초, 고추냉이 등의 엽채류가 상당 부분 양액 재배 방식으로 길러진다. 양상추, 로메인상추, 셀러리, 청경채, 치커리 등 서양채소류와 애플민트, 바질, 로즈마리 등 향채소, 무순, 크로바, 비트, 알팔파 등 새싹채소들도 대부분 양액에 의지해 생육된다. 심지어 인삼과 장뇌삼도 양액으로 길러내는 현실이다. 바야흐로 양액 재배 춘추 전국 시대를 맞은 것 같다.

양액은 농작물 생육에 필수적으로 들어가는 몇 가지 원소를 그 흡수 비율에 따라 적절한 농도로 물에 용해시킨 배양액이다. 필수 원소는 탄소, 수소, 산소, 질소, 칼슘, 칼륨, 인, 황, 마그네슘 등 9가지 다량원소와 구리, 아연, 망간, 철, 몰리브덴, 붕소, 염소 등 7가지 미량원소다. 작물의 종류와 생육 과정, 생리 상태 등에 따라 이들 원소를 몇 가지 배합해 영양제를 만들고 이를 작물의 뿌리나 줄기, 잎 등에 공급한다. 시중에는 작물에 따라 편리하게 공급할 수 있도록 인공 제조된 영양제들이 다양하게 나와 있다. 이들 영양제를 제조하는 과정에서는 이런저런 화학물질들도 첨가돼 우려를 더한다.

젖만 찾는 갓난아기처럼 된다

양액 재배 방법은 다음 몇 가지다.

첫째는 고형 배지에 양액을 주입해 농작물을 기르는 것이다. 고형 배지로는 펄라이트, 코코넛, 암면, 피트모스, 폴리우레탄, 모래, 자갈 등이 사용된다. 이들 중 어느 한 종류를 바닥에 깔아 농작물을 지지하는 배지로 활용하고 배양액을 주입해 작물을 재배한다. 양액 머금은 배지가 흙의 역할을 대신하는 형태다.

둘째는 흔히 '수경 재배'라 불리는 방식으로 농작물의 뿌리를 양액에 푹 담가 재배하는 것이다. 이는 배지를 사용하지 않는 대신, 플라스틱이나 스티로폼 등으로 만든 베드 안에 양액이 흐르게 하고 베드마다 일정 간격으로 구멍을 내어 그 구멍에 작물을 심는 방식이다. 이 경우는 베드가 작물을 지지하는 역할을 하게 된다.

셋째는 점적(漸滴) 관수 방식을 응용해 양액을 작물의 뿌리마다 똑똑 떨어뜨려 재배하는 것이다. 이 경우 농작물은 토양에 뿌리내리고 있어 토경 재배와 양액 재배 방식을 절반씩 겸한, 일종의 반(半) 양액 재배 방식이라 할 수 있다.

노지 농작물, 뿌리 부지런히 뻗어나간다

본래 식물의 뿌리는 흙을 뚫고 내려가라고 뻗어 나와 있는 것이다. 그런데 수경 재배처럼 흙은커녕 영양소 녹은 물에 뿌리를 푹 담그고 그 액체만 빨아들이게 한다면, 이를 자연의 섭리에 걸맞은 생육 방식이라고 말할 수 있겠는가. 이 경우 뿌리는 뻗어 나가려는 작용을 멈추고 엄마 젖만 찾는 갓난아기처럼 취약성을 드러내게 된다. 고형배지에 심은 농작물이나, 흙에 심어져 있더라도 방울방울 떨어지는 양액을 받아먹는 채소도 뿌리가 연약한 것은 마찬가지다. 배양액에 의존하다 보니 뿌리 발달이 더딜 수밖에 없다. 이로 인해 식물체 전체가 건강성을 담보받기 어려워질 수 있다.

노지에서 자연스럽게 자라는 농작물은 토양 속의 영양소와 수분을 좇느라 뿌리가 부지런히 뻗어나간다. 농작물에 따라서는 뿌리 발달이 매우 왕성해, 심지어 수십 혹은 수백 미터를 뻗어 나가는 것도 있다. 건강한 토양 속에는 현대 과학이 아직 규명하지 못한 미량 원소들이 많은 것으로 알려져 있다. 뿌리는 이들도 흡수해 작물의 건강한 성장과 결실을 견인한다.

건강한 흙 속에는 또한 미생물들의 활동도 활발하고 땅강아지나 지렁이 등도 꿈틀거린다. 작물은 이들과 어울리며 뿌리 발달을 통해 각종 미네랄 등 무수한 양분을 흡수하게 된다. 그리고 이를 통해 건강한 농산물로 탄생하고, 소비자들은 그것을 먹어 건강과 생명을 유지하게 된다.

양액 농산물, 상품성 좋아 보여도 빈자리 있다

그런데 양액 재배 방식으로 생산되는 농산물들은 이같은 자연의 이치가 무시돼 무언가 모르는 빈자리가 있다. 물론 마트 진열대 위의 이들 농산물은 색택이 뛰어나고 크기가 크며 균일해 상품성이 뛰어나 보인다. 실제 개중에는 농부가 양액 재배 기술 외에도 갖가지 기술을 추가로 적용하고 온 정성으로 재배해 품질이 뛰어난 것들도 있다.

그러나 상당수 양액 재배 농산물들이 당도는 높아도 천연 미네랄 부족으로 맛이 떨어지고, 수확 후 유통 기간이 길지 못한 단점을 지닌 것을 부인할 수는 없다. 며칠만 상온에 놔둬도 시들고 물에 씻으면 흐물흐물 녹아버리는 상추나, 과육이 옹골차지 못하고 솜뭉치처럼 푸석푸석한 딸기 등이 그런 사례다. 이렇게 마마보이처럼 겉모습은 멀쩡해도 그 이면에 허허로움이 자리 잡고 있는 양액 재배 농산물들이 적지 않다. 그러한 비정상은 소비자의 건강 추구권 실현에 역행하는 것이다.

그럼에도 불구하고 양액 재배는 날로 확산되는 추세다. 제철을 거슬러 농산물을 연중 안정적으로 생산하는 체제가 자리 잡으면서 이제는 양액 재배가 토경 재배를 따돌린 채 농사의 왕좌를 차지한 듯한 형국이다. 무엇보다 양액 재배는 균일한 농산물을 일 년 내내 다수확 할 수 있고, 노동력을 줄일 수 있으며, 토경 재배보다 수익성이 높아 농민들이 선호하는 현실이다.

유혹에 넘어가는 깍쟁이 소비자들

소비자들도 양액 재배 농산물에 대한 예찬을 그치지 않는다. 흙에서 재배하지 않아 깨끗하고 위생적이며 품질이 고르다는 것이 그들이 이를 선호하는 이유다. 일부 백화점에서는 그들의 관심을 더욱 끌기 위해 농산물 판매대 옆에서 양액으로 직접 채소를 키우기도 한다. 양액을 빨아 먹으며 깨끗하고 푸릇푸릇하게 자란 채소들은 그때그때 수확돼 매장에 깔린다. 깍쟁이 소비자들은 그런 채소의 유혹에 넘어갈 수밖에 없다.

이렇게 인기를 더하다 보니 이제는 빌딩에서 식물공장 형태로 양액 재배 농산물을 대량 생산하는 곳들도 곳곳에서 생겨나고 있다. 지각 있는 소비자라면 이같은 추세 앞에 다소 섬뜩한 느낌을 가져야 정상일 터이지만, 현실은 그렇지 못해 안타까움을 낳는다.

씨앗 없는
농산물

○

사람들은 무엇을 먹다가 입에 걸리는 것이 있으면 불편해 한다. 과일은 먹다보면 씨앗이 입에 걸려 거추장스럽다. 소비자들의 이런 불편감을 덜어주기 위해 일찍이 과학자들이 씨 없는 과일 생산 기술을 개발했다. 요즘은 일부 품목에서 씨 없는 과일들이 대세다. 이들이, 종자가 정상으로 박힌 과일들을 제치고 마트 진열대의 요지를 차지하고 있다.

마트 진열대 요지 차지

이 과일들은 씨앗이 없을 뿐 아니라 색택(色澤)도 대체로 화려하다. 또 당도가 높아 한입 베어물면 단물이 줄줄 흐른다. 그러니 소비자 손길이 저절로 뻗칠 수밖에 없다.

포도는 알이 굵은 '거봉'과 알이 콩알만 한 '델라웨어' 품종에 대부분 씨가 없다. 농민들이 재배 과정에서 씨앗이 생기지 않는 기술을 적용하기 때문이다. 대중적으로 소비되는 '캠벨얼리' 품종은 포도 알마다 씨앗이 여러 개씩 박혀, 먹을 때 뱉어내느라 신경 쓰이는 것도 사실이다. 이런 소비자 심리를 파고들어 씨 없는 거봉이 시장에 나오는데, 이는 크기가 왕사탕만 하고 당도도 높아 인기다. 귀찮게 씨앗 뱉어내며 캠벨얼리 한 송이를 먹느니, 차라리 굵은 거봉을 몇 알 먹는 게 낫다는 심리가 소비자들의 기저에 깔려 있다. 델라웨어는 작지만 한 송이를 통째로 먹어도 씨앗이 안 걸려 역시 사람들이 좋아한다.

미국에서 생산돼 전 세계로 유통되는 건포도 모조리 씨가 없다. 씨 없는 포도를 보들보들하게 말려 당도가 높은 데다 값도 싸 빵이나 과자, 시리얼 등의 가공에 대량으로 들어간다. 음식점이나 가정집에서 샐러드 등의 재료로도 많이 이용한다.

건포도 · 감귤 · 바나나… 씨가 없다

아삭아삭한 식감과 함께 단맛과 향미가 입안을 행복하게 하는 단감도 씨 없는 경우가 많다. 씨앗이 박혀 있어야 할 자리에 불임(不稔) 처리해 사라진 종자의 흔적이 희끄무레하게 남아 있다. 제주 감귤과 일본 열도의 감귤, 그리고 감귤보다 훨씬 고급스럽게 개량된 '한라봉', '천혜향', '하귤' 등에서도 종자가 사라진 것은 마찬가지다. 역시 미국에서 대량 생산돼 세계 각국으로 팔려 나가는 오렌지와 자몽에서도 씨앗을 찾아볼 수 없다.

과거에는 바나나에도 씨가 박혀 있었지만, 어느 시점부터 품종 개량(?)으로 사라졌다. 열대지방의 바나나가 거의 다 그렇다. 과일의 사촌인 과채류에서도 씨앗의 존재가 희미해지는 경향이다. 씨앗이 여물다 만 채로 출하되는 토마토, 오이, 가지, 애호박 따위가 그런 경우다.

물론 나라에 따라서는 포도나 오렌지 종류에 종자가 실하게 박힌채 생산, 유통되는 곳들도 많다. 이들은 대부분 저개발국들이다. 농업이 과학화하지 못해 아직까지 토종이나 재래종을 가꾸고, 불임 처리 기술을 확보하지 못해 관행 농법을 이어가는 곳들이다. 이와 달리 선진국들은 불임 과일 개발에 열 올리고 있고, 그 성과가 현실로 나타난 것이다.

씨 없는 농산물은 여러 가지 방법으로 생겨난다. 우선 자연 상태에서 수정(受精) 없이 결실되거나, 수정이 됐더라도 발육 도중 종자가 퇴화해 나타날 수 있다. 전문 용어를 빌리자면 단위결과성(單爲結果性)이 강한 과수와 과채류에서 씨 없는 것들이 생겨나기 쉽다. 이는 자연 발생적인 현상이어서 누구를 탓할 수 없다.

식물생장조절제 처리해 종자 발달 억제

문제는 인위적으로 씨 없는 과일, 과채류 생산을 유도하는 것이다. 농가에서 사용하는 대표적인 방법은 지베렐린이란 식물생장조절제를 처리해 종자 발달을 억제하는 것이다. 이렇게 하면 종자가 사라지거나, 자라다 만 종자의 흔적만 남고 과육이 비대해 상품성 높은 과일이 얻어진다. 위수정(僞受精) 방법도 있다. 이는 다른 식물의 꽃가루를 주어 수정을 방해하면서 자극만 가해 과육이 발달하게 하는 것이다. 토마토와 가지, 오이와 호박 등의 사이에서 위수정이 가능하다. 이밖에 '씨 없는 수박'처럼 식물의 불임성(不稔性)을 활용해 종자 발생을 차단하는 방법도 있다.

사람들은 과일에 씨가 없어도 별반 이상하게 여기지 않는다. 헛똑똑이 소비자들은 오히려 이를 좋아하고 당연시한다. 씨앗이 입에 걸리적거리는 과일을 하품으로 여기는 경향이다. 이처럼 비정상인 것이 정상 취급 받고, 정상인 것이 되레 소외되는 혼돈의 시대에 우리가 살고 있다. 더구나 씨 없는 과일은 대부분 신맛이 추방되고 단맛이 설탕 수준으로 극대화돼 먹는 이의 건강을 해칠 수 있는데도 소비자들은 '똑똑한 어리석음'에 빠져들고, 다른 의견을 제시하지 않는다.

후손을 만대에 유전하는 씨앗

무릇 과일을 포함한 모든 생명체는 후손을 만대(萬代)에 유전하기 위해 씨앗을 갖는다. 씨앗은 식물의 생명이요, 힘의 원천이다. 이러한 씨앗의 특질은 대자연의 섭리에 의한 것이다. 그러므로 과학이든 농작물 재배든 자연의 운행을 돕는 방향으로 작용하는 것이 중요하다. 이와 반대로 이상한 재주를 부려 대자연의 섭리를 거스르는 것이야말로 위험한 처사요, 현대 과학과 농업이 성찰해야 할 부분이라 할 수 있다. 그럼에도 불구하고 인간의 과학은 성찰은커녕 날로 재주와 요술을 더하는 형국이다.

씨 없는 과일 보급의 원조는 육종학자인 우장춘 박사다. 그가 1953년 국내의 한 원예시험장에서 씨 없는 수박 재배에 성공했을 때 국민이 열광했다. 당시 신문들은 우장춘 박사를 '육종의 마술사'라 칭하며 대서특필했고, 농민들은 씨 없는 수박을 육종의 기적으로 받아들였다. 우장춘 박사가 이 수박을 실험한 것도 씨앗이 많아 먹기 불편한 점을 보완하기 위함이었다. 하지만 그조차도 자신의 육종 행위가 찜찜해 "수박은 씨를 뱉어내며 먹어야 제맛이 나지, 씨 없는 걸 먹는 것은 어딘지 운치 없는 일"이라며 후회했다는 일화도 전해진다. 요즘 사람들에게 시사하는 바가 많은 이야기다.

씨앗 없는 농산물, 생체 프로그램 고장 난 것

씨앗이 없는 농산물은 본래 정상적이어야 할 생체 프로그램이 고장 난 것으로 볼 수밖에 없다. 그 프로그램이 눈에 안 보인다고 해서 무시할 일만은 아니다. 씨앗이 사라져 만대 유전 능력을 상실한 개체를 먹어 내게 부정적 결과가 미치는 것은 아닌지 돌아볼 필요가 있다. 남의 생명력을 취해 내 생명력을 기르는 것인데, 그렇게 고장 난 것을 먹는 것이 결코 좋을 리는 없을 것이다.

그런 점에서 씨앗이 크고 단단하거나, 씨앗이 많이 들어 있는 열매를 병후 회복, 허약 체질, 정력 증진, 불임 치료 등에 활용한 조상들의 지혜는 현대의 우리가 참고할 만하다. 복분자는 하나의 열매에 씨앗이 많이 들어 있는데, 이것으로 담근 복분자주를 마시면 요강이 엎어질 정도로 정력이 세어진다고 한다. 구기자에도 작은 씨앗이 많이 박혀 있다. 이는 예부터 콩팥 기능 강화, 병후 회복 등을 위한 약재로 이용돼 왔다.

종실류 약재, 인체 호르몬 분비 돕는다

한방에서는 불임환자 치료를 위해 복분자, 토사자 등 종실류 약재로 끓인 탕약을 복용하게 한다. 이들 씨앗류 약재는 인체의 잘못된 호르몬 신호 체계를 바로잡아 임신에 도움을 준다고 한다. 원리는 이렇다. 인체에는 시상하부, 뇌하수체, 뇌간 등 생식 기능을 담당하는 중요한 뇌 부위가 있다. 잘못된 생활습관이나 쌓인 스트레스 등으로 이들의 기능이 위축되면 생체 유지에 필수적인 각종 호르몬 분비에 이상이 초래된다. 이때 종실류 약재를 복용하면 호르몬 분비와 이동이 정상화하고 생식계통과 면역 기능이 강화돼 불임 증상이 근본적으로 개선될 수 있다는 것이다.

이를 보더라도 씨앗이 없거나 부실한 것들을 가까이 하는 것은 자신과 가족 건강을 위해 지혜롭지 못한 일임을 알 수 있다. 생명력을 박탈당해 고장 난 프로그램을 지닌 것에서는 식탁의 희망을 건지기 어렵다.

농장에서 밀려난
토박이 동식물

○

자연의 섭리에서 벗어난 극단적 기술 적용으로 당도가 높거나 부피가 큰 신품종 과일, 채소, 곡식들이 각광받는 동안, 몸피가 작거나 못생긴 토박이 동식물들은 대부분 농장에서 밀려났다. 과거 지구촌에는 오랜 세월 풍토 적응을 거듭하며 대를 이어 온 토착 동식물들이 무수히 많이 존재했다. 이들이 개량종이나 신품종의 등장으로 대부분 멸종한 것은 건강과 관련한 인류의 미래에 암울한 그림자를 드리운다.

농업 분야 생물 다양성 4분의 3 파괴

유엔식량농업기구(FAO)에 따르면 농업 분야 생물 다양성은 이미 4분의 3정도가 파괴됐다고 한다. 벼, 밀, 감자, 옥수수 등 주식(主食)으로 이용되는 작물들은 다양성 파괴 정도가 더 심각하다. 인도의 경우 반세기 전에 3만여 종의 벼를 재배했지만, 지금 인도에서 재배되는 벼는 75% 이상이 개량종 10여 가지에 불과하다. 중국은 오랫동안 재배되던 1만여 종의 밀 가운데 이미 1970년대에 1천여 종만 남았고 지금은 훨씬 더 줄어 몇 십 종만 재배된다. 미국은 전체 감자 생산량의 75% 이상이 4종류이며, 네덜란드에서는 80% 이상의 감자 경작지에서 오직 한 종류의 감자만 생산된다. 이같은 다양성 훼손은 생산성을 높이려는 농장과 가공의 편의성 등을 중시하는 메이저 식품 업체들의 상호 이익이 맞아 떨어진 결과로 보인다.

인도 벼, 3만여 종 ⇨10여 종

우리나라만 해도 벼는 1,500종 이상이 재배됐지만 지금은 개량종에 밀려 대부분 사라졌고, 일부 재래종들만 제한적으로 명맥을 잇고 있다. 요즘 개량종 벼들은 생김새가 비슷비슷하고 색깔도 흰색이지만 토박이 벼들은 그렇지 않다. 까끄라기가 어른 한 뼘 정도로 길게 뻗은 것, 벼 포기가 키다리처럼 크거나 반대로 너무 작은 것, 생김새가 꾀죄죄한 것 등 갖가지였다. 쌀의 색깔도 흰색 일색이지 않고 푸르스름한 것, 노란 것, 붉은 것, 검은 것 등 다양했다. 어떤 것은 향이 짙어 밥으로 지으면 가마솥 누룽지 같은 고소한 냄새가 집 밖 멀리까지 풍겨 나갔다. 이름도 특성을 반영해 자광벼, 자체벼, 올벼, 맥도, 가위찰, 버들벼, 흰검부기 등 다양하게 불렸으며 족제비찰, 돼지찰, 아가벼, 쥐이파리벼 등 해학적인 명칭들도 있었다. 이같은 다양성은 각각의 벼가 서로 다른 영양성분과 기능성 물질들을 함유하고 있음을 말해준다. 이들을 이것저것 먹으면 그런 다양한 물질들이 몸안에서 약성을 발휘해 건강을 잘 지켜줄 텐데, 현대 과학농법은 소출이 적다는 등의 이유로 이들을 서자 취급해버렸다.

우리 곁 떠난 아가벼·쥐이파리벼·영일몽당보리…

보리도 마찬가지다. 옛날에는 보리 중에 까끄라기가 옥수수수염처럼 길쭉한 것이 있었다. 절구에 찧어도 거무튀튀한 색깔이고, 밥으로 지으면 꺼끌꺼끌해 목구멍으로 넘기기 불편한 것들도 있었다. 이들은 거칠었지만 미네랄과 섬유질, 그리고 기능성 물질들을 다량 함유해 몸에 약이 되는 것들이었다. 요즘 백미처럼 희고 매끄럽게 도정돼 나오는 개량종 보리와 성질이 달랐다. 이름도 생김새 등 특성을 반영해 앉은뱅이, 영일몽당보리, 키다리보리, 동보리, 재래육각, 함안쌀보리, 왜쌀보리, 진안동과, 홍성재래, 구미맥 등 다양하게 불렸다. 이제 이들은 어디선가 근근이 명맥을 잇고 있거나, 농촌진흥청 종자은행에서 길게 동면에 들어가 좀처럼 마주 대하기 힘들게 됐다.

옥수수도 처지가 비슷하다. 과거 토박이 옥수수들은 생김새와 색깔과 맛이 구구각색이었다. 모양이 쥐 이빨 같은 것, 사람이 주먹 쥔 형상을 한 것 등이 있었으며 색깔도 검정색, 노랑, 붉은 색, 혹은 여러 가지가 뒤섞인 색 등 다채로웠다. 또 찰지거나 단맛이 특징인 것, 수확시기가 빠르거나 아주 늦은 것 등 성질이 매우 다양했고, 그러한 특성을 반영해 향토색 짙은 이름으로 불렸다. 요즘 사람들이 흔히 쪄 먹는 옥수수는 거의 대학찰옥수수 한 품종으로 통일됐다. 대학찰은 고소하고 쫀득쫀득하며 과가 큰 개량종이다. 생산성이 높고 맛도 좋아 농장에서는 이 옥수수만 키우고, 소비자는 마트에서 다른 선택의 여지없이 이것만

장바구니에 담아야 한다. 그 과정에서 잃어버리는 것은 없는지 한번쯤 돌아볼 만도 한데, 그러는 사람은 거의 없다.

거의 모든 곡식들이 다 이런 상황이다. 생산자와 소비자 모두 토박이들을 다소 못났다는 이유로 배척하는 현실이다.

못났다고 배척당한 개구리참외·감참외·호박참외…

과일과 채소도 오십보백보다. 참외는 과거 우리나라에 껍질이 개구리 피부를 닮아 푸르스름한 개구리참외를 비롯해 호박참외, 감참외, 사과참외, 청참외, 미꾸리참외 등 다양한 재래종들이 있었다. 요즘 샛노란 색깔이 특징인 금싸라기가 참외밭과 마트를 점령한 것과 다른 풍경이었다. 개구리참외는 외피가 투박했지만 과육이 연해 인기를 끌었고, 사과참외는 사과처럼 동글동글한 생김새가 눈길을 끌었다. 하지만 이들 역시 우리 곁에서 사라져 아쉬움을 남긴다. 요즘 사과는 후지 계통이 주종을 이루지만 과거에는 아오리나 홍옥 등도 상당히 많은 면적에 재배됐다. 그렇지만 다른 품종들은 생산성과 당도가 약하다는 이유로 농장에서 입지가 크게 약화됐다.

상추 역시 개량종에 밀려 힘을 못 쓰는 처지가 됐다. 과거에는 30여 가지 토박이 상추들이 재배됐다. 농가에서 한번 심어두고 틈틈이 따먹던 것들이다. 이들은 잎을 따면 잎줄기에서 하얀 진액이 흘러나왔다. 혈액순환을 돕고 몸속 독소를 제거해주는 기능성 물질들이 가득했다. 이런 상추에 밥 한 술과 강된장, 마늘 등을 올려 쌈으로 먹던 추억을 기성세대들은 잊지 못한다. 요즘도 쌈밥 문화는 이어지고 있지만, 예전의 쌉싸래한 맛이 상당 부분 실종됐다. 과거 상추는 억세어서 잎을 따 며칠

두어도 싱싱함이 지속됐지만, 요즘 상추는 연약하기 그지없다. 며칠 지난 것은 물에 씻다 보면 흐물흐물 녹아 먹을 수 없게 되는 경우가 많다.

배추도 개성배추, 서울배추, 조선배추, 울산배추, 봄배추 등 토종, 재래종이 많았다. 이들은 결구(結球)가 잘 돼 포기가 두툼한 개량종 배추와 달리, 잎이 가늘고 길거나 엉뚱하게도 뿌리가 총각무처럼 크게 자라는 등 못난 성질을 지녔다. 하지만 이런 객관적 모습만 보고 가치를 판단하는 것은 단견일 수 있다. 토종배추 가운데는 뿌리가 매콤해 잎보다 더한 기능성을 지닌 것이 있는가 하면, 잎이 가늘고 얇아 배춧국을 끓이기에 제격인 것도 있었다. 허우대가 좋지 않다고 해서 괄시당할 일만은 아닌데, 시대를 잘못 만나 도태되는 운명이 된 것이다.

소외된 가축들, 호반우 · 칡소 · 장미계 · 오색계

가축들의 상황도 다르지 않다. 한우는 한반도에 호반우라 하여 호랑이와도 같은 얼룩무늬를 지닌 것과, 칡소라 하여 칡덩굴을 둘둘 감아 놓은 것 같은 피부색을 지닌 것들이 있었다. 둘 다 야성미 넘치는 토박이들이지만 살이 잘 오르지 않아 이제 농장에서 거의 사라지고 일부 연구 기관에서 연구용으로나 기르고 있을 뿐이다.

닭은 외국 신품종으로 완전히 대체된 지 오래다. 아직 색깔이 토종닭처럼 누런 것들이 많지만 모두 외국 피가 섞인 것들이며 순수한 토종은 멸종되다시피 했다. 꼬리가 길고 푸르스름하던 장미계, 몸빛이 다섯 가지 색으로 영롱하던 오색계 등이, 살붙임이 많지 않거나 알을 잘 낳지 못한다는 이유로 천대받다 사라진 것은 아쉬움을 남긴다.

농부들은 이들을 농장에서 몽땅 몰아내고 수확량이 많아 주머니가 두둑해지는 과일, 곡식, 채소, 가축들만 길러낸다. 그리고 소비자들은 크고 번드르르해 매력적인 그 농산물들만 사다 먹는다. 이처럼 '현대판 선악과'들만 대접받는 현실에서 현대인은 잃어버린 것들이 무척 많은데도 이를 깨닫지 못한 채 문명의 수레바퀴는 비정하게 굴러간다.

이탈리아 로마에 본부를 둔 국제슬로푸드운동본부는 '미각의 방주(Ark of Taste)'란 프로젝트를 통해 사라져가는 토종, 재래종의 맛을 보존하는 운동을 전 세계적으로 펼치고 있다. 유엔(UN)의 리우데자네이루 생물다양성협약을 비롯해 람사르조약, 세계유산조약, 워싱턴조약, 나고야의정서 등 다국적 조약들도 발효돼 시행되고 있지만 지구촌은 생물다양성 회복과는 점점 더 거꾸로 돌아가기만 한다. 남미 안데스산맥 고지대에서 재배하던, 알록달록하고 크기와 맛도 제각각인 수십 종의 감자들이 거의 멸종했으며, 영국의 과수원에 자라던 2천여 종의 토박이 사과들도 몽땅 사라졌다.

선악과 따는 광란의 질주 그치지 않는다

토박이 동식물들은 인간의 건강을 위협하는 예측 불가능한 여러 요인과 이상기후 등 식품의 안정적 조달을 방해하는 요인들을 방어하는 보험 같은 역할을 한다. 이런 보험 장치가 해제되고 있는데도 현대인들은 날마다 새로운 선악과를 따는 광란의 질주를 그치지 않는다.

자연의 벗들이
떠난 논밭

○

벼논은 한국인에게 '생명 창고'와 다름없다. 주식(主食)인 쌀이 거기서 나오기 때문이다. 일본, 중국 등 동아시아 국민들에게도 사정은 마찬가지다. 쌀은 우리 몸에 들어가 살이 된다. 이런 중요성 때문인지 경상도 사람들은 '쌀'을 '살'이라 부르기도 한다. 쌀이 사람의 뇌리에 얼마나 중요한 식량으로 각인돼 있는지 잘 말해주는 대목이다.

이처럼 중요한 먹을거리를 생산하는 벼논과 채소, 과일을 키우는 밭이 현대에 이르러 괴상한 공간으로 변해버렸다. 농작물을 제외한 대부분의 생물들이 멸절한 죽음의 공간으로 바뀐 것이다. 과거 논밭에서는 벼, 잡곡, 채소, 과수와 함께 다양한 종류의 동식물이 서식했다. 그들이 농작물과 어우러져 지내는 가운데 생명의 먹을거리가 쑥쑥 성장했다.

논밭은 온갖 생물들이 사계절의 햇살과 비바람을 받아내며 생존 연습을 하는 생태 공간이었다.

생물들이 멸절한 벼논

먼저 벼논에 존재했던 동물들을 살펴보자. 제비, 왜가리, 두루미, 백로, 개구리, 메뚜기, 방아깨비, 잠자리, 귀뚜라미, 거미, 도롱뇽, 도마뱀, 물뱀, 쥐, 미꾸라지, 우렁이, 참게, 붕어, 잉어, 물방개, 소금쟁이…. 식물도 피를 비롯해 물옥잠화, 물달개비, 벗풀, 둑새풀, 가래, 방동사니 등 종류가 많았다. 이들은 대부분 수십 년 사이 인간에게 죽임을 당하거나 논 밖으로 쫓겨나는 신세가 됐다.

제비는 벼논에서 볼 수 없게 된 대표적 날짐승이다. 봄이면 강남 갔던 제비들이 돌아와 농가 처마 밑에 둥지를 틀고 새끼를 부화했다. 새끼들은 노란 주둥이를 내밀어 먹이를 달라 보챘고, 어미제비 부부는 녀석들을 키우느라 모내기철부터 부지런히 벼논을 들락거렸다. 그러나 이제는 벌레들이 벼논에서 종적을 감춰 제비들이 더 이상 돌아오지 않는다.

두루미는 벼논 한가운데 한 쪽 다리로 서서 세월을 낚곤 했다. 간혹 흰색의 두루미나 백로, 왜가리 등이 논에서 잡은 물고기를 물고 초록의 벼 포기 위로 비행하는 광경도 이제는 찾아보기 어렵게 됐다.

개구리들은 멸절한 것은 아니지만 상당수가 벼논에서 자취를 감췄다. 비라도 내리는 밤이면 녀석들이 개골개골 합창해 농사일에 지친 심신을 달래주는 아늑한 음악이 되었고, 깊은 잠의 나락으로 떨어지게 하는 천연 수면제 역할도 했다. 이제는 장맛비가 내려도 그들의 합창 소리를 듣기 어렵게 됐다.

방아깨비는 아이들이 잡으려고 다가가면 날개를 펴 따다닥 소리 내며 도망갔다. 메뚜기도 톡톡 튀어 다니며 벼 줄기 뒤에 몸을 숨겼지만 아이들은 용케 잘 찾아냈고, 손바닥을 포개어 잽싸게 포획했다. 그렇게 잡은 것들을 풀줄기에 꿰어 집에 가져와서는 프라이팬에 볶거나 군불에 구워 먹었다. 이제는 추억의 갈피에서나 꺼내어 새김질할 수 있는 풍경이다.

생태계를 작은 우주로 만들던 곤충들

벼논에는 미꾸라지와 우렁이도 번성했다. 이 둘은 수천 년간 벼의 식구 역할을 해왔을 중요한 생물들이다. 가을에 노랗게 살 오른 미꾸라지는 추어탕 재료로 요긴하게 쓰였고, 우렁이는 토속 된장찌개 재료로 농가 주부들에게 각광받았다. 참게는 논바닥을 기어 다니며 생태계가 살아 있음을 입증했고, 거미는 보석 같은 거미줄을 펼침으로써, 그리고 잠자리들은 소리 없는 비행으로 벼논에 생기를 더했다. 이들은 한 생태계 안에서 올망졸망하게 어울려 지내며 벼논을 작은 우주로 만들었다.

이제는 그들이 대부분 보이지 않는다. 허공을 톡톡 튀거나, 맴돌거나, 날갯짓하거나, 물속을 헤엄치던 생명 현상들이 몽땅 사라져 벼논이 적막한 공간으로 변했다. 꿈틀거리던 '작은 자연'들의 몸짓이 실종된 가운데 벼 포기들만 우두커니 서서 인위적인 생육의 행진을 되풀이하고 있다. 이쯤 되면 벼논을 생태계가 살아 있는 공간이 아니라, 공산품 같은 쌀을 만들어내는 공간이라 해도 틀리지 않을 것 같다.

벼논 옆에는 둠벙도 있었다. 이는 물을 가두어 놓은 작은 습지 같은 것으로, 가물 때나 모내기할 때 벼논에 물을 공급해주는 역할을 했다. 벼논 입장에서는 사람의 허파나 심장처럼 중요한 곳이다. 이곳에서는 소금쟁이가 수면 위로 미끄러져 다녔고, 민물새우도 톡톡 튀어 다녔다. 물방개가 검은 색 등판을 드러내어 수면 위에 빙빙 도는 것은 흔히 볼 수 있는 풍경이었다. 붕어와 잉어가 한가롭게 헤엄쳤고, 가끔 메기가 등장해 다른 물고기들을 혼비백산 도망치게 만들었다. 이런 둠벙과 그 속에 살던 다양한 생물들 역시 모두 사라진 현실이다.

생물 다양성이 무참히 파괴된 공간

오늘날 벼논은 이처럼 생물다양성이 무참히 파괴된 공간이다. 이러한 파괴에 일등공신 역할을 한 것은 농약이다. 농약은 벼논의 병해충과 잡초를 제거하기 위해 인간이 발명해낸 최고의 화학적 무기다. 벼멸구, 흰등멸구, 도열병, 잎집무늬마름병 등은 다된 농사를 망치는 주범이다. 가을에 수확을 잘하려면 무슨 수를 써서든 이들을 방제해야 한다. 이에 가장 효율적인 방법은 농약을 살포하는 것이다.

벼논에서는 또 벼 이외의 모든 식물이 잡초다. 벼의 키를 훌쩍 넘어 자라는 피는 말할 것도 없고, 보라색 꽃을 피우는 물옥잠과, 잎사귀가 화살촉처럼 가늘고 아름다운 벗풀 등도 논의 자양분을 축내어 벼 생장에 방해 되는 것들로 여겨진다. 그러므로 농부는 제초제를 사정없이 살포해 이들을 제거한다. 그로 인해 식물들뿐 아니라 논에 서식하던 민물고기와 곤충과 새들마저 전부 사라졌다. 심지어 들쥐도 농약 세례로 거의 멸절했다. 이렇듯 논은 벼 이외의 목숨 달린 것들이 더 이상 생을 이어갈 수 없는 공간으로 치달아 왔다.

논바닥 속도 온전치 못하다. 본래 흙은 활력 없이 죽어 있는 게 아니라 신진대사를 되풀이하는 동물처럼 끊임없이 작용하고 활동하는 생명력을 지녔다. 생태계가 살아 있는 논흙 속에서는 무수하게 많은 방사상균, 곰팡이, 원생동물 등이 물질대사와 생사를 되풀이하며 대자연의 순환 기능을 유지한다. 그러나 이제는 논마다 이들이 대폭 사라져, 흙이 죽음의 행진을 하고 있는 것만 같다. 흙의 이런 현실 역시 농약의 강력한 살상력 덕분이다.

이에는 화학비료도 큰 기여를 했다. 화학비료는 벼에 일시적으로 영양분을 공급한다는 점에서 효과가 인정되지만, 논흙의 생명력을 원천적으로 파괴한다는 점에서는 문제가 있다. 화학비료를 계속 사용할 경우 논흙이 산성화돼 유익한 미생물이 사멸하는 반면 유해 세균은 증가하게 된다. 자연히 흙의 건강성은 바닥으로 추락하게 된다. 이렇게 해서 논은 모든 생물들이 밀려나고 오로지 한 가지 식물만 살아가는 섬뜩한 공간이 되고 말았다.

나비와 토종벌이 사라진 밭

밭이란 공간도 벼논과 처지가 다를 바 없다. 밭에서도 상당수 생물들이 멸절했다. 벼논처럼 채소, 과일, 잡곡 등을 생산하는 과정에서 집중 투입한 농약과 화학비료, 바이러스 질병 등이 멸절 현상을 불러온 주요 원인들이다.

이로 인해 거미, 사마귀, 무당벌레 등 대부분의 곤충을 보기 어렵게 됐으며, 과거 개체수가 많던 토종벌과 나비는 숫자가 급격히 줄어 우려감을 더한다. 벌과 나비는 농작물을 비롯해 자연계 식물의 꽃가루받이 역할을 하므로 이들의 감소는 여간 심각한 문제가 아니다. 식량 생산에 부정적 영향을 미쳐 인류 생존을 위협할 수도 있기 때문이다.

벌은 춘삼월 산천에 진달래가 필 무렵부터 꿀과 화분을 찾아 산천을 비행한다. 벌집에서부터 왕복 몇 km를 날아 오가며 부지런히 일한다. 4~5월 과수 꽃이 필 무렵이면 온 동네가 울긋불긋 꽃 대궐을 이루곤 했다. 벌들은 커다랗게 원을 그리며 과수 주위를 비행하기도 했고, 붕붕거리며 꽃으로 날아들어 분홍빛 꽃가루를 온몸에 묻혀내곤 했다. 명랑하게 쏟아지는 햇살 아래 눈부시게 피어난 과수 꽃과 그 주위를 맴도는 벌들의 윤무(輪舞)는 봄날 사람들에게 원형적(原形的) 아름다움을 선사하는 데 부족함이 없었다.

요사이는 토종벌들이 낭충봉아부패병으로 집단 폐사해 토종벌 사육 농가들이 도산하고 있는 실정이다. 자연계의 뒤영벌, 호박벌 등도 생태계 파괴로 잘 나타나지 않는다. 서양에서는 꿀벌이 대규모로 사라져 비상이 걸렸다. 미국은 동부 해안지역의 꿀벌이 70% 정도 실종된 것으로 알려진다. 집을 나가면 돌아오지 않는데 그 원인이 전자파로 인한 벌의 신경계 교란, 바이러스 등의 공격, 이상 기후, 유전자조작농작물 등 논밭에서의 단일 작물 재배 등일 것으로 추정된다. 영국에서도 2억 마리의 꿀벌이 사라지는 등 해마다 세계 곳곳에서 30~40%의 벌이 실종되고 있다.

곤충의 역할 수분, 인간이 대신한다

꿀벌의 감소는 양봉농가뿐 아니라 과수, 채소, 곡식 등을 재배하는 농가들의 피해로도 이어진다. 농민들은 꿀벌을 벌통째 구입해 과수원 한 쪽에 설치함으로써 인위적으로 화분을 촉진한다. 그것이 어려우면 품을 사서 일일이 과수 꽃에 사람이 인공수분을 하게 한다. 생태계를 훼손한 결과 이렇게 자연계의 곤충이 하던 역할을 인간이 대신하는 수고로움이 뒤따르고 있다.

나비는 대표적인 봄의 전령사다. 과거에는 호랑나비, 배추흰나비, 부전나비, 제왕나비 등 종류가 무척 많았다. 그들이 때로는 짝을 지어서, 또는 몇 마리씩 무리지어 비행하는 봄은 활발한 꽃가루받이로 여름과 가을의 풍요를 잉태하는 계절이었다.

그렇지만 나비들도 벌과 함께 상당수 사라져 그들이 하던 수분을 역시 사람이 수고롭게 대신하는 실정이다. 모든 것이 이렇게 본래의 질서에서 어긋나버렸다.

나비가 줄어든 것은 국립산림과학원의 조사에서도 확인된다. 이 과학원이 2017년 강원 영월지역을 대상으로 조사해 발표한 자료에 따르면 1999~2015년에 나비 개체수가 평균 34%나 감소했다. 특히 이 기간 동안 암먹부전나비는 316마리에서 15마리로 95.3%나 급감했으며, 네발 나비는 470마리에서 79마리로 83.2%, 푸른부전나비는 458마리에서 102마리로 78.3% 각각 줄어든 것으로 나타났다.

나비의 개체 수 감소는 우리나라에 국한하지 않고 전 세계적으로 나타나는 현상이다. 미국 오리건주립대 연구팀이 1996~2016년까지 오하이오주에서 조사한 결과 나비 개체수가 33%나 감소한 것으로 밝혀졌다. 또 곤충류 보호를 위해 일하는 미국 저시즈협회(Xerces Society)에 따르면 계절 따라 장거리 이동하는 제왕나비의 경우 1980년대에는 450만~1천만 마리정도가 캘리포니아에서 겨울을 났지만, 2019년은 겨우 3만여 마리만 월동한 것으로 확인돼 충격을 주었다. 이밖에 영국의 한 조사에서는 1995~2014년에 나비 숫자가 도시에서 무려 69%, 시골에서는 45% 감소한 것으로 나타났다.

농약 대신 생물들이 농작물 조력자 역할 해야

사람들은 벼논에서 자취를 감춘 생물들이나 벌과 나비의 개체 수 감소 등이 뭐 그리 중대한 일이냐고 말할 수도 있을 것이다. 그러나 이들의 감소 혹은 멸절로 자연계의 먹이사슬과 생태계에 교란이 일어나는 현상이 인간에게도 결코 바람직한 일일 수는 없다.

요즘 인간이 먹는 쌀, 채소, 과일은 생물들의 도움 없이 인공의 기술이나 농약, 화학비료 등이 받쳐주어 생산되는 것들이다. 그런 인위적인 받침대 대신 서로 경쟁하거나 어깨동무하며 조화로운 생태계를 이루는 논밭의 생물들이 농작물의 조력자 역할을 해야 하지 않을까. 그럼에도 불구하고 오늘날의 과학농법은 이런 소망과는 거꾸로 작용하기만 해 안타까움을 낳는다.

PART 2

생명 안테나
부러지다

가축과 물고기를 기르는 데 비윤리적이고 반자연적인 기술들이 적용된다. 모두 산업동물들의 생산성 향상을 위해 과학이란 미명하에 사용되는 무모한 기술들이다. 산업동물들은 현대의 아담과 이브를 위해 고기와 우유, 달걀 등을 만들어주는 동물 기계와 다름없다.

생명 없는 무정란과
단명하는 육계

○

닭고기와 달걀은 우리가 일상적으로 가장 많이, 그리고 자주 소비하는 축산물들이다. 특히 금세기 들어 프라이드치킨이 대중의 음식으로 자리 잡고, 달걀이 가공식품 원료로 폭넓게 사용되면서 이 둘의 수요는 지구촌에서 폭발적으로 증가해 왔다. 닭고기나 달걀, 혹은 이들이 원료로 들어간 식품을 배제한 식탁은 상상하기 힘들다. 사람들은 값이 싼 데다 영양도 좋다며 이들 축산물에 대한 사랑을 그칠 줄 모른다.

그러나 오늘날 닭고기와 달걀의 비정한 생산 과정을 자세히 알게 되면 그들의 사랑의 감정은 상당히 식고 말 것이다.

복제닭처럼 색깔과 모양 통일됐다

오늘날 닭은 과거 닭과 여러 가지로 사육 상황이 다르다.

우선 요새 닭은 '알을 많이 낳거나' '살이 잘 찌는' 몇 종류로 품종이 고정됐다. 과거에는 닭의 생물 다양성이 유지됐다. 아무리 오래 길러도 몸집이 왜소한 녀석이 있었고, 색깔과 모양새도 가지가지였다. 농가 앞마당은 날마다 알록달록하고 크기도 들쭉날쭉한 어미닭들이 병아리들을 데리고 나들이하는 공간이었다. 요즘 닭은 복제동물처럼 색깔과 형태가 거의 통일돼 있다. 과학자들의 지속적 연구에 힘입어 짧은 기간에 몸집이 커지며 알도 쑥쑥 잘 낳는다. 생산성 떨어지는 닭은 양계장에 존재할 수가 없다.

오늘날 닭은 용도에 따라 '육계(브로일러 또는 프라이어)'와 '산란계(레이어)'로 구분해 사육한다. 육계는 말 그대로 고기를 먹기 위한 닭인데 이를 영미권에서 '브로일러(broiler)'라 한다. 이는 '구워 먹는 놈'이란 뜻이다. 육계는 튀겨서 소비하는 물량도 상당히 많다. 한국인이 즐기는 '치킨'이나 세계인의 음식이 된 맥도날드치킨 등은 기름에 튀겨내는 음식이다. 그래서 육계를 '프라이어(fryer)'라고도 부른다. '튀겨 먹는 놈'이란 의미다. 또 산란계를 서양에서 '레이어(layer)'라고 하는데, 이는 '알을 낳는 놈'이기 때문이다.

닭은 이처럼 용도에 따라 각기 다른 이름으로 불린다. 오래 전부터 자연스럽게 부여된 '닭(chicken)'이란 명칭 대신 '육계', '브로일러', '프라이어' 혹은 '산란계', '레이어' 등으로 바꿔 부르는 것은 이 가축을 철저히 산업적 시각에서 다루고 있음을 말해준다. 오늘날 닭은 이름에서부터 생명의 존엄성 따위는 찾아보기 어렵다.

사육 과정을 들여다보면 그러한 존엄성은 더욱 희미해지는 것을 알수 있다. 육계는 병아리 때부터 사료 찍어 먹고 살만 늘리는 수상한 동물로 변질되었다. 산란계 역시 도태될 때까지 죽도록 달걀만 생산하는 신세다. 이들은 사료를 고기나 달걀로 전환하는 효율성 높은 기계와 다름없다.

걸어 다니는 고깃덩어리, 육계

육계는 1회전 당 많을 경우 한 농장에서 백만 마리 이상씩 길러낸다. 육계용 병아리들은 부화장에서 전문 사육 농장으로 옮겨져 본격적으로 사육된다. 보통 시멘트 벽돌에 슬레이트 지붕을 올린 건물이나 비닐하우스에 부직포를 씌운 곳에서 1m^2당 20마리 정도를 기른다. 이는 닭들이 다 자랐을 때는 서로 부대껴 움직이기조차 힘든 사육밀도다.

나는 축산전문기자로 활동하던 시절 간혹 취재차 그런 육계 농장을 찾아가곤 했다. 그럴 때마다 닭들이 빼곡 들어찬 계사 안을 들여다보고 혀를 내둘렀다. 닭들은 몸조차 돌리기 어려운 그런 공간에서 사료 찍어 먹고 성장하는 일만 지루하게 반복하고 있었다. 그것은 결코 태초부터 부여받은 천성에 따라 닭이 자연스럽게 자라고 있는 광경이 아니었다. 차라리 닭 공장의 기계적인 프로그램에 따라 '고기가 불어나는' 과정이라 해야 옳을 일이었다.

그런 상황에서 육계가 몇 발짝 움직이기라도 하면 마치 고깃덩어리가 걸어 다니는 것처럼 비쳤다. 애초부터 어미 품이 아닌, 부화장의 기계에서 태어나 이렇듯 고기만 불리다 대를 잇지 못한 채 도살장으로 실려 가는 육계의 운명을 생각할 때마다 고개가 가로저어지곤 했다.

그러나 농장주들 입장은 완전히 달랐다. 그들에겐 효율성과 경제성 외에 다른 사항은 별달리 고려해야 할 대상이 아닌 듯했다. 하기야 그렇게 효율성을 추구해놓고도 시장에서 경쟁력을 잃어 사업을 접는 경우가 있으니 어찌 그들 탓만 할 수 있으랴. 그러니 그들은 생존을 위해 경제성 높일 궁리만 할 수밖에 없다. 한 농장주는 "사육 밀도가 너무 높은 것 아니냐"는 나의 질문에 희한한 논리로 대답하기도 했다. "닭들이 서로 기대어 지내면 겨울에는 체온을 나눌 수 있어서 서로에게 도움이 돼요. 절대 동물을 학대하는 것이 아니라니까요!"

나는 쓴웃음을 지을 수밖에 없었다. 닭은 자유롭게 돌아다니며 모이를 쪼고 모래목욕도 해야 하는 천성을 지녔음을 알면서도 이렇게 건강부회의 논리를 드러내는 그 앞에서 말문이 막혔다. 하지만 그렇게라도 해서 난방비를 절감하고 최소 비용으로 최대 효과를 올려야만 생존할 수 있는 세상이니 어찌하겠는가.

살 잘 안 찌는 약병아리, 잡초처럼 뽑아 죽여

계사 안의 닭들은 사람이 다가가면 물결처럼 한쪽으로 쏠리며 애처로운 눈빛을 드러내곤 했다. 날개를 꺾고 겁먹은 모습으로 웅크리고 있는 녀석들도 많았다. 마치 "날 좀 살려주세요" 하고 호소하는 것 같았다. 그러나 주인에게는 그런 호소가 전혀 먹혀 들지 않는 듯했다.

사실 대부분의 육계업자들에게 닭은 최종적으로 소비자 식탁에 오를 식재료란 생각 외에 다른 판단은 남아 있지 않은 듯하다. 소비자들도 맛난 요릿감이란 고정관념에서 그리 벗어나 있지 않다. 그러니 생명이니 뭐니 하는 표현은 멀리 가버린 지 오래다. 육계는 애완동물과 달리 단지 식품 원료로 쓰이는 산업용 동물일 뿐이다.

언젠가 나는 이런 관점의 종결자라 할 만한 상황과 맞닥뜨린 적 있다. 한 육계 농장에서 다소 충격적인 광경을 목도한 것이다. 농장주가 계사 안을 살펴보더니, 살이 잘 안 붙고 연약해 보이는 약병아리들을 잡아내 시멘트 바닥에 패대기치는 것이었다. 마치 잡초를 뽑아 내던지듯이. 병아리들은 바닥에 내동댕이쳐지는 순간 "삐약!", "삐약!" 하며 안쓰럽게 죽었다. 나는 말문이 콱 막혔다.

주인은 웃음을 흘리며 말했다. "이 놈들은 사료 효율이 떨어져서 도움이 안돼요. 계속 키우면 비용만 축나고 고기는 안 나와 나만 힘들어진다니까요." 주인은 그러면서 덧붙였다. "이것들 모아놓으면 도사견 업자가 와서 가져가요. 푹 끓여서 개한테 주면 개가 맛있게 먹고 살이 푹푹 찐대요."

나는 산업동물의 비극이 갈 데까지 가고 인간의 잔인성이 기묘한 웃음과 뒤섞여 발산되는 그 상황에서 머릿속이 혼란스러워져 서둘러 그곳을 돌아 나와야 했다.

과거 닭은 '놔 먹이는 새'

과거에 닭은 '놔 먹이는 새'와 다름없었다. 걸핏하면 새처럼 날아 담장을 넘고 농가 지붕 위로 올라갔다. 삼삼오오 몰려다니며 개구리, 지렁이 등을 잡아먹고 풀씨, 잡초, 채소, 곡식 등을 쪼아 먹으며 건강하게 자랐다. 이렇듯 자연 속에서 야성미 있게 자라다 보니 어쩌다 다 자란 암탉이나 수탉을 잡아 요리하면 육질이 쫄깃쫄깃하고 입에 척척 감겨 들어 먹기 좋았다.

요새 닭고기는 과거 닭과 맛에서 근본적인 차이가 난다. 요새 닭고기는 대부분 자연 속에서 정상적으로 자란 것의 고기가 아니라 배합사료와 맞바꾼 것이다. 운동도 할 수 없는 밀폐된 공간에서 고기가 불어난 형태이다 보니 살코기가 퍽퍽해 먹기 불편하다. 자연 속에서 자란 닭의 고기가 주는 독특한 풍미를 오늘날 육계에서는 찾아볼 수가 없다.

육계, 가공할 때 갖가지 위장술 구사

가공업자나 조리업자들도 이 사실을 잘 안다. 그래서 육계를 가공하거나 조리할 때 갖가지 위장술을 구사한다. 끓는 기름에 노랗게 튀겨 군침이 돌게 하거나 갖가지 화학첨가물 섞은 양념에 버무려낸다. 미국인들은 일찍이 켄터키프라이드치킨 등을 비롯한 다양한 치킨 브랜드를 개발해 세계 시장을 석권했다. 매일같이 기름에 튀겨진 수억 마리의 치킨이 세계인의 입안으로 들어간다. 서양의 치킨 문화는 우리나라에도 건너와 번성했다. 역시 다양한 브랜드로 개발됐을 뿐 아니라 양념치킨이라는, 세계적으로 독특한 치킨으로 변신해 소비자 입맛을 사로잡았다. 최근에는 치킨과 맥주를 함께 먹는 '치맥'이 한류 바람을 타고 확산돼 세계인의 입맛을 유혹하고 있다. 주요 스포츠 경기가 열리는 날이면 TV 앞에서 치맥을 즐기는 시청자들의 주문으로 치킨집 식재료가 동이 날 지경이다. 중국인 관광객들이 수천 명씩 몰려와 공항이나 한강변 환영 행사장에서 치맥을 먹으며 즐거워하는 것도 흔한 일이 되어 버렸다.

그러나 그런 즐거움과 쾌락 이면에 도사린 위험을 그들은 잘 인식하지 못하는 경향이다. 생명의 존엄성이 극도로 부정된 상태에서 길러져 기름에 튀기고 화학첨가물에 범벅 돼 나온 식품이 사람들의 건강에 좋지 않은 영향을 미칠 수 있다고 한다면 억측일까. 그렇지만 요즘 비만이 심각한 사회 문제화하고 있고 고지혈증, 죽상동맥경화증, 고콜레스테롤혈증 등 심장혈관계통 질환이 크게 증가한 것이 오늘날의 닭고기 소비 문화와 일정 부분 관련을 맺고 있음은 부인할 수 없는 사실일 것이다.

육계와 관련하여 한 가지 더 지적하지 않을 수 없는 것이 있다. 바로 너무나 짧은 육계의 사육기간이다. 요즘 육계는 농장에 입식한 날부터 출하할 때까지 고작 한 달 정도 사육한다.

과거에는 닭이 적어도 몇 달은 살았다. 농가에서는 1년 이상 기르는 경우가 대부분이었고, 개중에는 10년 이상 생존해 할머니, 할아버지 닭이 되는 경우도 있었다. 토종닭은 본래 10~15년의 기대수명을 갖고 태어나 오래 살면 주인의 말귀도 일부 알아듣는 등 영물이 된다고 한다. 그런데 오늘날에는 육계가 과학자들의 품종 개량(?) 덕택에 한 달 정도만 생존하는 이상한 동물이 되고 말았으니, 어찌 보면 섬뜩한 일이다.

모름지기 짧게 사는 동식물에는 그것을 빨리빨리 성장하고 죽게 만드는 프로그램이 내장돼 있다. 반면 장생하는 것들에는 오랜 세월의 풍상을 겪어낸 가운데 축적된 힘이 있다. 무엇이든 속성으로 기른 것은 좋지 않다. 우리가 무엇을 먹는 것은 남의 생명력을 취해 내 생명력을 기르는 것인데, 그렇게 생이 짧은 것을 먹어서야 되겠나. 그런 관점에서 오늘날 육계 사육 및 이와 관련한 닭고기 소비 행태는 많은 것을 돌아보게 한다.

알 잘 낳는 동물기계, 산란계

산란계도 많은 문제점을 안고 있다. 오늘날 한국의 산란계는 대부분 좁디좁은 철망 안에 갇혀 지낸다. 3~4단씩 일렬로 죽 들어선 철망마다 알 낳는 닭들이 빼곡 들어차 있다. 일찍이 유럽연합(EU) 국가들은 동물복지 개념을 도입해 산란계의 철망을 거둬냈지만, 아직도 한국과 중국을 위시한 대부분의 나라에서는 생산성 극대화를 위해 철망 안에 닭을 가둬 기른다.

공장형 축산을 옹호하는 이들은 잘 지어진 철망이야말로 인간 사회의 아파트와 다름없다고 강조하기도 한다. 산란계가 알아 듣기라도 한다면 어처구니없어 할 말일 것이다. 철망마다 서너 마리씩 들어간 그곳에서는 제대로 몸을 돌릴 수조차 없고 날갯짓은 더더욱 하기 어렵다. 그런데 이것을 어떻게 인간의 아파트에 비유한단 말인가.

철망은 닭에게 감옥과 다름없다. 산란계는 그 안에서 앞으로 사료 쪼고 뒤로 달걀을 빼내는 지루한 삶을 이어가야 한다. 주인은 밤에도 자지 말고 알을 낳으라고 계사 안에 불을 환히 밝혀 놓는다. 그러다보니 연일 덮치는 스트레스로 공격적 성향을 띠고, 서로에게 상처를 내기도 한다. 미쳐 돌아가는 것이다.

농장주는 닭이 상대를 공격해도 상처가 최소화되게 하기 위해 기발한 기술을 동원한다. 아예 병아리일 때 뜨거운 불에 달군 칼날로 부리를 싹둑 자르는 것이다. 이렇게 하면 부리가 무뎌져 공격 무기로서의 역할을 제대로 수행하지 못한다. 자연히 주인의 손실도 크게 줄어든다. 더욱이 부리가 뭉툭해지면 사료를 쪼아 먹을 때 사방으로 튀지 않아 사료 값도 절감할 수 있다. 이래저래 주인은 득의만면한 미소를 띠게 된다. 그러는 동안 닭은 알 낳는 생물 기계로서의 기구한 운명을 늙어 도태되는 날까지 이어가게 된다.

수탉과 교미 없이 생산되는 '씨' 없는 알

산란계가 낳는 달걀은 수탉과의 교미 없이 생산된 무정란이다. 과거 농가에서는 수탉이 암탉 주위를 배회하다가 가끔 암탉에게 달려들어 사랑을 나눴다. 이런 과정을 거쳐야 정상적인 달걀, 곧 유정란이 나온다. 유정란이라야 부화할 때 병아리가 탄생할 수 있다. 오늘날 철망 속의 산란계 곁에는 수탉이 없다. 그러니 달걀이 나와도 생명 없는 알, 곧 무정란이 될 수밖에 없다. 무정란에서는 절대로 병아리가 나올 수 없다. 이는 대를 이을 수 없는, '씨' 없는 알이다. 음양의 오묘한 조화와 자연의 섭리가 배제된 수상쩍은 알이다.

그럼에도 불구하고 양계업자와 영양학자들은 달걀이야말로 완전식품이라고 주장한다. 생명체로서의 소중한 본성을 거부당한 생물 기계가 낳은 무정란이, 더욱이 대를 이을 수 없는 것이 어떻게 완전식품일 수 있는가. 겉으로 볼 때는 유정란처럼 멀쩡하고 실제 영양가가 많을지 몰라도, 그 내면에는 어떤 허허로움이 깃들어 있을 수밖에 없다.

유정란, 인장력이 노른자 탱탱히 감싼다

실제로 유정란과 무정란은 극명하게 대비되는 점이 있다. 접시에 깨뜨려 놓으면 전자는 노른자가 선명한 노란 빛과 함께 위로 봉긋이 솟는 반면, 후자는 푹 퍼져 버리는 경우가 많다. 이는 인장력의 차이 때문이다. 유정란의 노른자는 인장력이 높아 젓가락으로 찔러도 잘 퍼지지 않는다. 이는 눈에 보이지는 않지만 어떤 긍정의 에너지가 노른자를 탱탱하게 감싸 유정란을 정상적으로 보호하고 있음을 밝혀준다. 그러니 유정란에서는 병아리가 나올 수 있고, 이것을 프라이한 것에서는 오묘한 맛이 혀에 감겨 행복감을 전해주게 된다. 반면 무정란은 프라이팬에 기름을 두르고 깨뜨려 넣는 순간 노른자가 맥없이 풀려 기분이 영 언짢다. 맛이 유정란만 못한 것도 자명하다.

그렇긴 해도 산란계가 되어 알이라도 낳으며 사는 닭들은 상대적으로 운명이 덜 가혹한 녀석들이라 할 수 있다. 산란계 병아리는 부화장의 기계에서 부화돼 나오자마자 병아리감별사에 의해 암수가 구분된다. 이때 수컷들은 알을 못 낳는 것들이므로 입지가 약해진다. 녀석들은 육계농장으로 실려 가거나, 초등학교 앞으로 끌려가 어린이 자연 체험용 장난감으로 팔린다. 운명이 이보다 더 꼬이는 것들은 포대자루에 담겨 이를 원하는 축산농장으로 보내진다. 농장주는 이들을 산 채로 분쇄해 가축에게 사료로 먹인다. 이런 비윤리적인 일이 쉬쉬하면서도 되풀이되는 현실이다.

이처럼 오늘날의 양계산업이 자연의 섭리를 벗어나 비윤리적으로 가동되는 모습은 우려를 넘어 끔찍한 느낌마저 불러일으키는 측면이 있다.

이같은 현실은 과거 농가 앞마당의 풍경과 180도 다르다. 거기서는 종종 수탉이 암탉을 두세 마리 거느리고 먹이 사냥에 나서곤 했다. 수탉은 붉은 볏이 늠름하고 꼬리가 휘황찬란했다. 암탉은 아담하며 어여쁜 자태였고, 그 뒤로는 알에서 깬지 며칠 안 되는 병아리들이 삐악거리며 무리지어 다니는 광경을 연출했다. 어떤 병아리는 아예 어미 등판에 올라앉아 있기도 했다. 암탉은 때가 되면 둥지에 올라 알을 낳곤 호들갑스런 울음을 토했다. 이제는 그런 건강한 닭 가족을 만나기가 당초에 거의 불가능한 시대가 되고 말았다.

'털 없는 닭'까지 개발한 인간의 교만

몇 해 전 BBC 방송에서 이스라엘의 어느 대학 교수가 '털 없는 닭'을 개발했다는 뉴스를 보도한 적 있다. 화면에 등장한 그 닭은 도축해 털을 제거한 닭의 몸통처럼 정말 털이 거의 없었다. 그 상태로 이리저리 걸어 다니는 그 녀석은 괴물 그 자체였다. 교수는 "가공업자들의 털 뽑는 수고를 덜어주기 위해 신품종을 개발했다"고 능청스럽게 말했다. 동물을 다루는 인간의 교만함이 극단으로 치달은 사례라 할 만하다.

고기가 불어나는
'내시 소'

O

산업화 이전까지만 해도 소는 달구지를 끌거나 논밭을 가는 등 일을 많이 했다. 암소가 발정나면 수컷이 올라타 새끼를 배고, 송아지가 탄생하면 주인의 입가에 미소가 걸렸다. 요즘은 이같은 자연의 이치가 완전히 부정되고 있다. 소가 하던 일을 기계가 대신하고, 소는 사료 먹고 고기 불리는 일만 한다. 임신할 때도 황소가 관여하지 않고 사람이 인공 수정 기술로 새끼를 배게 한다.

생명 안테나 부러진 거세우

요즘 대부분의 농장에서 만나는 수소는 거세우다. 수소를 거세하면 수컷도, 암컷도 아닌 중성(中性)처럼 된다. 옛날 궁궐에서 거세당한 채 임금을 모시던 내시와 비슷한 '내시 소'가 되는 것이다. 오늘날 비육용 한우나 육우 수컷을 모아 기르는 농장은 '내시 소' 집단 사육 농장과 다름없다.

이런 농장을 방문하면 특이한 점을 발견할 수 있다. 축사 안에 소들이 수십, 혹은 수백 마리씩 몰려 있는데 사뭇 조용하기만 하다. 본래 암소는 성정이 온순하지만 수소는 그렇지 않은 측면이 있다. 우락부락한 모습으로 돌아다니며 간혹 문짝을 들이받는 등 거친 행동을 보이기도 한다. 그런데 웬일인지 그렇게 많은 소들 가운데 야성을 드러내는 녀석들은 아예 없다. 소들은 무표정한 모습으로 우두커니 서서 눈을 껌벅이며 되새김질만 한다. 그 모습은 마치 멍하다 못해 넋이 반쯤 빠져나간 것이다. 일견하면 평온해 보이지만, 찬찬히 살펴보면 이처럼 정상을 벗어나 괴기하기까지 하다.

'내시 소', 얼굴이 암소처럼 다소 길쭉해

거세한 '내시 소'는 얼굴이 얌전한 암소처럼 다소 길쭉하다. 황소는 대체로 뿔이 짧고 뭉툭한데 '내시 소'는 가늘고 길다. 그러니 이 녀석을 결코 수소라 할 수 없고 차라리 암소나 중성이라 해야 옳다. 거세하지 않은 황소는 발정 난 암소가 근처에 있으면 다가가 올라타려고 난리를 피운다. 우사 울타리를 타고 넘어가다가 뿔이 부러지기도 한다. 하지만 거세우는 딴판이다. 암컷에게 도무지 관심 없다. 옆에 늘 함께 있던 암컷에게 다른 수컷이 다가와 교접을 해도 먼 산만 바라본다. 어느 때는 코끼리만한 거세우가 옆의 교미 광경을 바라보며 헤실헤실 웃기도 한다. 대자연의 질서가 실종되고 혼돈이 자리한 광경이다.

모든 수컷의 힘은 '그것'에서부터 나온다. 이는 수컷이 태어날 때부터 부여받는 원천적 생명력이요, 생명 안테나다. 그런데 오늘날에 이르러 대부분의 농장주들이 수소의 그것을 잘라버리니, 이는 소의 생명 안테나를 부러뜨리는 위험한 처사라 하지 않을 수 없다.

온순해 사료 잘 먹고 살 쑥쑥 불려

농장주들도 그것이 자연의 순리를 거스른, 비정상적인 일임을 알고는 있을 터이다. 그럼에도 불구하고 그들이 거세를 중단하지 않는 이유는 이를 통해 이윤을 극대화할 수 있기 때문이다. 거세우와 거세하지 않은 소는 분명한 차이점이 있다. 거세우는 마냥 온순해 사료를 잘 먹고 살을 쑥쑥 잘 불린다. 그래서 어떤 거세우는 무럭무럭 자라 체중이 무려 1t을 넘기기도 한다. 반면 거세하지 않은 수소는 다 성장해도 7백kg을 넘기기 힘들다. 이는 넘치는 힘을 주체하지 못해 이리저리 뛰고 부딪치는 등 활동량이 많기 때문이다. 거칠게 움직이다가 관절을 다치거나 다른 소에게 싸움을 걸어 상처를 주는 등 주인에게 손해를 끼치기도 한다.

거세우는 도축했을 때 고기에서 누린내가 나지 않지만 거세하지 않은 수소에서는 이 냄새가 풍긴다. 또 거세우는 거세하지 않은 소에 비해 마블링이 잘돼 높은 등급을 받는 데 유리하다. 마블링이란 근육 속에 지방이 얼마나 촘촘히 잘 퍼져 있느냐를 따지는 기준이다. 마블링이 높을수록 구워 먹을 때 고기가 부드러워 높은 값을 받게 된다. 신체 활동을 적게 하고 고열량 음식을 많이 먹는 이가 비곗살을 드러내듯이 거세우의 고기 속에도 지방이 부챗살처럼 퍼져 좋은 등급을 받게 된다. 그러니 농장주는 이래저래 거세를 선택할 수밖에 없다.

'선배'들이 딱하다는 듯 '후배' 거세우 핥아준다

거세하는 광경은 차마 눈뜨고 보기 어려울 정도로 민망하고 잔인하다. 이는 태어나 5~6개월 된 수송아지를 대상으로 실시한다. 수의사는 송아지에게 마취제를 주사하고 앞다리와 뒷다리를 밧줄로 꽁꽁 묶는다. 그런 다음 주사약이 온몸에 퍼져 송아지가 정신 줄을 놓기를 기다렸다가 배가 위로 향하도록 녀석을 뒤집는다. 수의사는 신속한 동작으로 녀석의 복부 아래쪽에 달라붙은 불알을 잡아 늘여 메스로 도려낸다. 송아지는 전신 마취 상태지만 그 순간만큼은 움찔하며 몸을 떤다. 수의사는 잘라낸 송아지의 '남성'을 챙겨 차에 오르고는 유유히 농장을 떠난다. 송아지가 이렇게 잃어버린 '남성'은 수의사에게 좋은 술안주가 되곤 한다.

비운의 송아지는 농장 한 켠에 내던져진 채 마취가 풀리기를 기다린다. 그런 상황에서 그에 앞서 내시가 된 주위의 거세우들이 우르르 다가와 딱하다는 듯이 그 광경을 지켜본다. 거세우들은 자신들을 따라 비운의 길로 들어선 후배를 혓바닥으로 하염없이 핥아주기도 한다. 이런 광경을 처음 목도하는 사람은 머릿속이 복잡해질 수밖에 없다. 소도 사람처럼 감정과 생각이 풍부하고 판단력이 분명함을 알고는 충격을 받게 된다.

그러나 농장주는 이에 아랑곳하지 않고 계속해서 이윤을 극대화하는 일에 매진하게 된다. 그러다 보니 농장에서는 송아지 거세가 거의 일상적인 일이 되어버린다. 거세를 거쳐 30개월 정도 자란 뒤 시장에 출하할 때쯤 되면 어떤 녀석은 어마어마한 몸집을 드러내 주인의 입이 귀에 걸리기도 한다. 그렇게 하여 시장에 팔리고 나면 또 다른 송아지들이 들어와 앞의 소들이 지나온 비운의 전철을 밟는다.

수컷 호르몬 ⇨ 중성 내지 암컷 호르몬

동물의 호르몬은 그 동물의 정체성을 결정하고 몸을 실질적으로 지배하는 역할을 한다. 남성 호르몬은 동물을 수컷답게 만들고, 여성호르몬은 반대로 암컷답게 만든다. 거세우는 수컷을 수컷답게 하는 호르몬을 더 이상 만들지 못하는 가축이다. 수컷 호르몬 대신 중성 내지 암컷 호르몬이 몸 안에 감돈다. 그래서 몸집은 커도 뿔이나 얼굴이 암소를 연상시키고, 행동도 온순한 것이다. 그렇게 해서 농장주는 덕을 볼지 모르나 이 소의 고기를 식용하는 소비자들은 불안한 상황에 내던져질 수밖에 없다. 거세우의 혼돈과 무질서가 소고기 음식을 통해 몸에 들어와 어떤 혼란을 야기하는 것은 아닐까 하는 데서 오는 불안감이다.

소고기의 호르몬은 환경호르몬처럼 우리 몸에 들어와 어떤 작용을 할 수 있다. 과거 산업화 이전에는 수컷호르몬과 암컷호르몬이 적절히 인체에 공급되는 구조였지만 오늘날에는 암컷 내지 중성 호르몬만 전달된다. 이것이 사람의 성 정체성과 건강에 미증유의 혼란을 초래하는 것은 아닐까 하는 합리적 의심을 하지 않을 수 없다. 최근 지구촌에서 동성애자가 꾸준히 증가하고, 여성처럼 행동하는 남성이 폭발적으로 늘어나는 현상이 이와 관련 있다고 말한다면 억측일까. 무정자증 환자와 불임부부가 속출하는 것도 거세우를 비롯한 가축의 부러진 생명 안테나와 일정 부분 연관된다고 말한다면 비약일까.

생명의 주체라기보다 고기 생산하는 장치

거세우는 인간의 '고기 불리는 프로그램'에 따라 생겨난 비운의 가축이다. 이 프로그램은 소의 체중을 단기간에 최대한 끌어올리기 위해 거세 작업 외에도 다양한 일을 추진하게 한다. 대표적인 것 중 하나가 배합사료 위주의 사육이다. 오늘날 한국의 소 사육 농장에서는 대부분 풀사료를 적게 먹이고 증체를 위해 곡물 위주의 배합사료를 먹인다. 배합사료에는 인체의 유해성 논란이 끊이지 않는 유전자조작농산물(GMO)도 다량 들어간다. 이렇듯 '고기 불리는 프로그램'은 이윤을 최대한 올리려 하는 주인의 욕망 달성에 초점이 맞춰져 있다. 동물의 생명 존엄성이나 복지는 중요한 고려 대상이 아니다. 이 프로그램에서 소는 살아 있는 생명의 주체가 아니라 단백질 식품을 만들어내는 동물 기계와 다름없다.

배합사료 위주로 키워 살이 투덕투덕하게 오른 소는 우수한 마블링 상태 덕분에 시장에서 높은 값에 팔린다. 서양에서 마블링 낮은 쇠고기가 프라임(prime)급이라 하여 최고 대접 받는 것과 대조되는 아이러니컬한 현상이다. 물론 우리나라는 예부터 구이문화가 발달해 이런 현상이 생겨났다. 그렇지만 지방이 많이 침착된 쇠고기가 소비자 건강 측면에서 결코 좋은 고기일 수는 없다. 지방이 많이 오른 소는 병든 동물과 다름없다. 그런 소의 고기를 자주 먹다간 인간도 지방간, 고지혈증, 고콜레스테롤혈증, 비만증 등의 노예가 되기 쉽다.

음양의 합일 없이 새끼 낳는 암소

수소만 거세우의 운명을 걸머지고 대자연의 정상적 운행에서 비켜사는 것은 아니다. 암소도 일생 동안 혼돈에서 벗어나지 못하는 비운의 주인공이다. 요즘 대부분의 암소는 수컷과 교미 한 번 해보지 못한 채 송아지를 밴다. 농가마다 인공수정을 하기 때문이다.

암소가 2세를 가질 만큼 성장하면 농장주는 긴 빨대 모양의 '스트로'에 들어 있는 정액을 녀석의 자궁 깊숙이 찔러 넣어 수정을 돕는다. 이 때 농장주의 팔은 팔꿈치 부분까지 암소의 질 속으로 깊이 들어간다. 정작 저돌적으로 달려드는 수소는 없고 사람의 팔이 수컷의 페니스처럼 찌르고 들어가 일을 끝내는 것이다. 이렇게 오늘날은 대부분의 농장에서 사람이 암소의 신랑 역할을 하는 형국이다.

음양의 교묘한 합일 과정이 생략된 채 얼떨결에 임신하고, 그렇게 해서 생긴 새끼 역시 어리둥절하게 세상에 나오는 이 현실을 어떻게 해석해야 하나. 만일 소의 조상이 살아 돌아와 이 풍경을 본다면 기절초풍하게 될 것이다. 그러나 이윤의 논리에 매몰된 주인은 이에 크게 개의치 않는 현실이다. 수컷과의 교미 대신 정액을 주입하는 것도 그 정액이 우수한 품질이어서 뛰어난 2세를 낳게 해주기 때문이다. 이렇듯 모든 것이 이윤 극대화로 귀결된다. 암소는 몇 차례 더 인공 수정과 출산 과정을 거친 뒤 거세우처럼 곡물 위주의 사료를 먹고 살찌우는 과정을 되풀이하다가 시장으로 팔려간다. 이쯤 되면 암소의 생명 안테나는 부러지지는 않고 구부러진 정도라 할 만하다.

잘못된 길을 너무 멀리 걸어왔다

이렇듯 오늘날 소의 생명 안테나는 정상이 아니다. 과거 야생동물로서 자유롭게 뛰어다니던 녀석들이 인간의 손에 길러지면서 점점 더 깊은 비극의 수렁으로 빠져들었다. 그래도 외국 소들은 웬만큼 성장할 때까지 넓은 초지에서 풀 뜯으며 돌아다닌다. 그러나 이 땅의 소들은 운명이 너무 가혹하게 꼬였다. 잘못된 길을 너무 멀리 걸어왔기에 발길을 돌려 정상적인 출발지점으로 되돌아간다는 것이 거의 불가능해 보인다.

천성 거부당하는 돼지

○

돼지는 늘 주둥이를 바닥에 처박고 꿀꿀거리며 돌아다닌다. 굴토성(掘土性), 곧 땅을 파기 좋아하는 천성을 지녔기 때문이다. 돼지는 코 끝에 연골판이 있고 촉각과 후각이 발달해 항상 흙을 파 먹이를 찾는다. 흙 속에는 각종 벌레와 풀뿌리, 썩은 나뭇잎 등이 있다. 돼지는 이들을 섭취해 미량광물질과 미생물 등을 얻는다. 이렇게 먹이 찾아 돌아다니는 습성은 적절한 운동 효과도 가져와 돼지의 건강을 잘 받쳐준다.

동물복지를 실천하는 양돈농장에서는 돼지의 이같은 습성을 존중해 돼지를 키운다. 이를 위해 축사 바닥에 톱밥이나 보릿짚 같은 깔짚을 두껍게 깔아준다. 바닥 면적도 돼지가 돌아다니기 적당할 만큼 넓다. 이런 농장의 돼지들은 푹신한 보릿짚이나 톱밥에 몸을 묻고 태평하게 쉬거나, 이들을 주둥이로 파헤쳐 미생물과 영양성분을 찾는다. 이런 환경에서는 돼지가 날마다 본능에 따라 행동할 수 있어 스트레스가 줄고 질병에 잘 걸리지 않는 장점도 있다. 자연히 항생제 사용량도 대폭 줄어들게 된다.

주둥이로 땅 파는 일 못해

오늘날 대부분의 돼지농장에서는 상상하기 힘든 풍경이다. 현대의 공장형 양돈농장들은 번듯한 시멘트 건물로 이뤄져 있으며, 돼지들은 콘크리트나 철판으로 덮인 좁은 우리 안에서 서로 부대끼며 살아야 한다. 보통 두세 평 남짓한 공간에 10여 마리가 몰려 산다. 돼지들은 그곳에서도 바닥에 주둥이를 들이대곤 하는데, 그럴 때마다 코끝이 딱딱한 콘크리트나 철판에 걸려 아프다. 바닥은 돼지 배설물로 질척거리기 일쑤다. 더욱이 면적이 좁아 자유롭게 돌아다닐 수도 없다. 자연히 스트레스에 휩싸이고 질병에 거릴 가능성이 동물복지 양돈농장보다 높다. 그래서 주인은 질병 예방이나 치료를 위해 불가피하게 항생제를 사용하게 된다.

주인은 돼지의 천성을 억압하려고 일부러 그렇게 기르는 것이 아니다. 적은 비용으로 수익을 최대한 높이기 위해 어쩔 수 없이 그러는 것이다. 그렇게 해야만 다른 생산자와의 가격 경쟁에서 살아남을 수 있다. 그 바람에 오늘날 지구촌의 돼지들은 대부분 천성을 거부당하는 운명에 처했다. 비육돈은 그렇게 차가운 콘크리트 바닥에서 분변과 눈을 따갑게 하는 암모니아 가스 등에 둘러싸인 채 5~6개월을 지내게 된다.

양돈농장, 돼지고기란 식재료 생산하는 공장

이 기간 동안 돼지가 하는 일이라고는 배합사료 먹고 배설하는 행위를 반복하는 것뿐이다. 인간이 개발한 특수한 사육 프로그램으로 인해 도살장에 실려 가는 그날까지 부단히 살 불리는 일만 하게 된다. 이쯤 되면 오늘날 돼지농장은 '농장'이 아니라, 돼지고기라는 식재료를 생산하는 '공장'이라 해도 틀리지 않을 것 같다.

돼지의 살코기와 비계를 불리기 위해 가장 기본적으로 적용되는 기술이 거세다. 수돼지는 수소처럼 대부분 거세당하는 비운을 겪는다. 수컷 새끼는 태어난 지 불과 3일 만에 이렇게 된다. 생명체로 세상에 나오자마자 이렇듯 짧은 시간에 성의 정체성을 거부당하는 것보다 더한 불행도 찾아보기 힘들 것이다.

그러나 주인은 이에 아랑곳 않고 공장의 제품을 만지작거리듯 거세 작업을 한다. 새끼를 바닥에 뉘어놓고 작은 불알 두 쪽을 칼로 도려내면 중요한 작업이 끝난다. 새끼돼지는 죽는다고 비명을 지르지만, 주인은 상처 부위에 소독약을 발라주고는 뒷다리를 잡아 구석에 툭 던져놓는다. 이렇게 거세 작업은 주인에게 손쉬운 일이다. 반면 그것이 가져다주는 이점은 상당하다. 야성이 꺾여 다루기 편하고, 활동량이 적어 증체가 잘되는 것이다.

거세하지 않으면 멧돼지 같은 야성 드러낸다

수돼지를 거세하지 않으면 멧돼지 같은 면모를 드러낸다. 자연에 방사하는, 정상의 수돼지는 영락없는 멧돼지 모습 그대로다. 다 자란 놈은 덩치가 무척 크다. 고개를 들고 산비탈에 떡 버티어 선 모습은 전사의 위용을 연상시킨다. 두 앞발로 받쳐 든 어깨는 들소의 그것처럼 늠름하고, 송곳니는 주둥이 양옆으로 뾰족하게 솟아나와 살기를 드러낸다. 200kg의 몸무게를 싣고 송곳니를 앞세워 달려들면 상대방이 다치지 않을 수 없다. 장정 두세 명이 몽둥이를 휘둘러도 제압당하지 않는다. 덩치는 집채만 한데 행동은 날렵해 사람에게 큰 피해를 입히고 달아나기 예사다.

돈사에 가둬 기르는 수퇘지도 거세를 하지 않으면 다루기 어렵다. 수시로 벽을 들이받고 동료 돼지를 공격해 크고 작은 상처를 낸다. 이를 내버려두면 손해가 계속 불어날 수밖에 없다. 하지만 거세를 하면 이런 위험성이 완화된다. 돼지가 순해지며 힘을 못쓰는 것이다. 거세돼지는 사료 먹고 살 불리는 동물 기계로서의 역할에만 머무르게 된다. 더욱이 거세한 돼지의 고기는 누린내도 나지 않아 소비자들이 좋아한다. 그러니 주인은 거세를 선택할 수밖에 없다.

이러한 양돈농장의 거세 기술 적용은 사람에게 전가할 수 있는 위험(?)에 대해 고려되지 않은 측면이 있다. 거세우처럼 거세돈 역시 수컷호르몬이 사라지고 그 자리를 중성 내지 암컷호르몬이 차지하고 있는 특이한 생명체다. 따라서 인간은 소고기처럼 돼지고기 역시 수컷호르몬 지닌 것을 전혀 섭취할 수 없는 현실이다.

앞에서 지적했듯이 육류의 호르몬은 인간의 몸에 들어가 일정한 작용을 할 수 있다. 이는 가축의 몸에서 생겨나는 또 다른 형태의 환경호르몬으로, 공업 생산의 결과가 아니란 점만이 차이난다. 정상적인 호르몬이 식육을 통해 인체에 들어가야 사람에게 정상적인 결과가 나타나는 것 아니겠는가. 아직 이에 관한 과학적 연구 결과가 나오진 않았지만, 충분히 가질 수 있는 합리적 의심이라 할 만하다.

이빨과 꼬리 잘린다

양돈농장 주인은 돼지가 새끼일 때 이빨과 꼬리도 자른다. 이 역시 서로 싸워 상처 내는 것을 미리 막기 위한 조치다. 현대의 공장식 농장에서 사육되는 돼지들은 주둥이로 바닥을 파헤치는 행위가 원천적으로 불가능하게 되어 있다. 그래서 돼지는 미칠 것 같이 답답해진다. 더욱이 좁은 공간에서 서로 부딪히며 살아야 하기에 얌전하게만 있는 것이 불가능하다. 돼지는 스트레스를 견디지 못하고 공격 성향을 드러내 상대에게 상처를 주게 된다. 주로 상대의 꼬리 물어뜯는 행위를 한다. 심지어 동료 등짝을 파먹는 돼지도 있다. 그렇게 해서라도 천성으로 물려받은 굴토성을 충족해야 한다. 새끼돼지는 어미 유방을 물어뜯어 상처를 내기도 한다. 이렇게 되면 주인은 손해가 막심해진다.

그래서 주인은 손해를 예방하기 위한 기술을 적용하지 않을 수 없다. 가장 일반적인 기술은 새끼일 때 일찌감치 펜치로 주둥이 양쪽에 난 송곳니를 자르는 것이다. 이렇게 하면 설령 부러진 이빨 상태로 공격한다 해도 상대가 상처를 입지 않는다. 주인은 가위로 꼬리도 싹둑 자른다. 돼지는 꼬리가 사라지므로 더 더욱 공격받을 일이 없다. 이렇게 해서 돼지는 꼬리와 송곳니, 그리고 수컷은 불알까지 빼앗긴 신세가 되어 도살장으로 향하는 날까지 수상한 생명체로 살아가게 된다. 생명 안테나가 정상적으로 작동되지 않는 가축이라 할 수밖에 없다.

삼겹살 좋아하는 식습관, 돼지를 수상한 생명체로

삼겹살은 돼지의 뱃살로, 비계가 가장 많은 부위다. 한국인들은 집에서든 음식점에서든 불판에 삼겹살을 올려 지글지글 구워먹는 것을 즐긴다. 직장인들이 회식할 때 가장 선호하는 것이 삼겹살 구이이며, 주말 외식에서도 삼겹살 메뉴가 인기다. 소풍이나 낚시를 가서도 주로 삼겹살을 구워 먹으며 여흥을 돋운다. 마치 무엇에 홀리기라도 한 것처럼 맹목적으로 삼겹살을 찾는다. 이러다 보니 삼겹살은 늘 공급량이 달리고 앞다리, 뒷다리 등 다른 부위는 재고가 산더미처럼 쌓이는 현실이다.

삼겹살 부위를 늘리기 가장 좋은 사육 형태가 지금과 같은 공장형 사육이다. 자연 방사하면 아무래도 활동량이 많아 비계가 잘 형성되지 않고, 뱃살도 잘 나오지 않는다. 거세로 야성을 상실하고 꼬리와 이빨 자르기로 공격을 못하는 상태에서 활동을 최소화해 사료 먹고 배설하는 일만 되풀이하면, 쓸데없는 일에 칼로리를 소모할 일 없어 뱃살이 최대한 많이 나오게 된다. 결국 한국인의 독특한 기호가 돼지를 수상한 생명체로 둔갑시키는 형국이다.

젖소인가 우유 펌프인가

○

젖소도 다른 가축들과 마찬가지로 수익 창출을 위해 길러지는 산업 동물이다. 젖소 수컷은 태어나자마자 '비육소' 혹은 '육우'란 명칭을 부여받는다. 생김새는 같은 홀스타인 얼룩소지만, 우유 생산과 관련 없어 한우처럼 '고기 불리는 프로그램'에 따라 철저히 증체와 육질 향상 관점에서 다뤄진다. 이를 위해 한우 수소처럼 거세당하는 운명을 피하기 어려우며, 도축장으로 향하는 그날까지 사료 먹고 체중 불리는 일과를 하염없이 반복한다.

젖소 암컷은 수소와 다른 길을 간다. 송아지 출산과 우유 생산 극대화를 위해 사육된다. 우리가 흔히 젖소라 부르는 생명체는 이런 암컷을 말한다. 수소는 젖소 어미에서 나왔지만, 젖 생산하는 기능을 못해 젖소로 불리지 못한다. 사람들은 이렇듯 철저히 산업적 시각에서 그 가축이 본래부터 지니고 있던 호칭마저 바꿔 놓는다.

거의 매년 새끼 낳고 3백여 일 젖 짠다

젖소는 그래도 다른 가축들에 비해 좋은 대접을 받는 동물이다. 유럽이나 호주, 캐나다 등처럼 초원에서 자유롭게 돌아다니며 풀 뜯는 젖소들은 천국 같은 생활을 하는 것과 다름없다. 우리나라처럼 공장 식으로 가둬 기르는 나라의 젖소들도 사양 환경이 돼지, 닭보다는 낫다. 적당한 간격의 우사에 작은 운동장까지 갖춰져 예우 받는 모양새다. 새끼를 쑥쑥 잘 낳고 양질의 원유(原乳)을 많이 생산하라는 차원의 배려다. 하지만 새끼를 낳은 후 무려 3백여 일 간 지속적으로 착유(搾乳)하고, 거의 매년 출산을 반복해야 한다는 점에서 이 가축의 운명 역시 순탄하다고는 말할 수 없다.

우리나라를 포함한 낙농 선진국들은 젖소 한 마리에서 짜내는 우유가 연간 1만kg에 달한다. 이는 마리당 연간 생산량 5천kg 이하의 낙농 후진국과 비교할 때 경이로운 착유량이다. 이는 꾸준한 젖소 개량, 사양기술 발달, 사육환경 개선 등에 힘입은 결과다. 덕분에 오늘날 낙농 선진국의 젖소들은 저마다 거대한 유방을 드러내게 됐으며, 도대체 동물인지 '걸어 다니는 우유 펌프'인지 모르겠다는 자조 섞인 비판에도 직면하게 되었다.

우유는 그동안 인간의 고급 식량 자원으로서 중요한 역할을 해왔다. 특히 쌀이나 달걀처럼 배고픔과 영양 부족 문제를 해결해 개발도상국의 경제성장을 견인하는 역할을 톡톡히 했다. 우리나라는 과거 1960년대 영양 부족을 겪던 국민이 우유를 먹을 수 있게 도와달라는 대통령의 눈물어린 호소에 힘입어 서독의 지원으로 홀스타인 젖소를 들여올 수 있었다. 그후 낙농산업은 비약적으로 발전해, 우리나라는 2020년 현재 모두 4만5천 마리가 연간 2백만t을 생산하는 낙농 선진국으로 발돋움했다.

우유, 완전식품 극찬 뒤에 의혹과 부정적 시각들도

그 과정에서 우유가 국민에게 영양을 공급하고 체격을 키우는 데 결정적 역할을 해온 것은 부인할 수 없는 사실이다. 우유가 '114가지 영양소를 지닌 완전식품'이란 설명은 영양학자들마다 우유의 장점을 부각할 때 늘 입에 올린 찬사다. 그러나 이같은 극찬의 저편에는 다양한 부정적 시각들도 따라다녔다. 대표적인 것은 젖소를 사육하는 과정에서 성장촉진제와 항생제를 남용한다는 지적이다.

성장촉진제는 젖소를 잘 크게 하고 원유 생산량이 늘어나게 하기 위해 투입하는 것이다. 이는 세계 각국에서 BST 혹은 rBST란 이름으로 판매됐는데, 실제로 젖소의 생산성 향상에 도움을 주는 물질로 알려지면서 많은 목장에서 이를 사용했다. 하지만 우유에 잔류한 성장촉진제 성분 때문에 여아는 생리가 일찍 터지고, 남아는 여자처럼 가슴이 비대해지는 등 성조숙증이 나타난다는 지적에 따라 현재 대부분의 선진국에서 사용이 금지된 상태다. 우리나라도 과거 이를 사용했으나 소비자들의 비난에 밀려 사용량이 점차 줄었고, 2017년에는 정부가 아예 시판을 금지해 시장에서 사라졌다. 요즘 우리가 마시는 우유는 모두 성장촉진제 우려로부터 자유로운 제품들이어서 다행이다.

항생제는 젖소 역시 사람처럼 병이 나면 안 되므로 예방이나 치료

차원에서 사용하는 약제이다. 예를 들어 젖소의 유방은 생명과도 같은 것이므로 유방염에 걸리면 큰일난다. 유방염이 발생하면 목장주는 즉시 그 유방염 젖꼭지를 폐쇄하고 항생제 치료를 시작한다. 이때 그 유방은 완치될 때까지 착유를 금지해야 한다. 만일 이 규정을 무시하고 착유했다가 집유(集乳) 과정의 검사에서 항생제 성분이 발견되면 전체 우유를 폐기당하고 해당 목장은 가혹한 벌칙을 받게 된다. 그러므로 우리나라의 우유는 역시 항생제가 잔류할 가능성이 원천 차단된다.

모든 나라가 우리처럼 우유의 항생제 잔류 문제를 철저히 관리하는 것은 아니다. 한때 중국은 식품안전당국이 시중에 유통 중인 우유 제품을 수거해 조사한 결과 50% 정도의 제품에서 항생제 성분이 검출돼 충격파를 던진 일도 있다. 아직도 상당수의 개발도상국들은 우유의 항생제 잔류 문제를 해결하지 못해 골머리를 앓는다. 그런 점에서 우리나라 소비자들은 발달한 낙농업과 식품당국의 안전성 관리 혜택을 톡톡히 보고 있다고 할 수 있다.

새끼는 사흘 만에 격리되고 인간이 우유 가로챈다

그런데도 우유에는 끊임없이 다양한 부정적 시각들이 따라다닌다. 일부 암과 아토피피부병, 일부 순환기계 질병 등의 원인이 된다는 지적들이 그런 사례에 해당한다. 오래 전부터 낙농업 종사자와 식품당국을 곤혹스럽게 만든 주장들이다. 이처럼 긍정의 이면에 부정적 견해가 꼬리를 무는 이유는 무엇인가. 이는 젖소의 과다한 우유 생산 및 잦은 출산 때문이란 견해가 있는데, 많은 비판론자들이 이에 동의하며 우유에 대한 의혹의 시선을 거두지 못한다.

원래 젖은 갓 태어난 새끼를 기르기 위해 어미가 생산하는 완벽한 자연건강식품이다. 젖당과 지방, 단백질, 그리고 다양한 무기질과 비타민을 지닌 최고의 음식이다. 특히 출산 후 처음 며칠간 나오는 초유는 새 생명체가 평생을 살아가는 데 필요한 면역성분들을 함유해 중요한 건강 무기로서의 역할도 하게 된다. 이는 무방비 상태로 이 세상에 나온 새끼에게 가장 필요한 것이 무엇인지 아는 대자연의 선물이라고도 할 수 있다. 새끼는 이 초유를 포함해 건강을 받쳐주는 양질의 모유를 받아먹다가 점차 일반 음식으로 바꿔 먹으며 성장한다.

그런데 오늘날 젖소의 현실은 이렇지 않다. 젖소의 새끼는 세상에 나온 뒤 단 사흘 정도만 어미젖을 빨다가 인간에 의해 격리되고, 그 후 대용유를 먹으며 성장하게 된다. 어미소는 출산 후 사흘이 지난 시점부터 시작해 3백여 일간 끊임없이 건초와 배합사료를 먹고 원유를 생산해낸다. 이렇게 나오는 우유는 인간이 자신들을 위해 가로채는 형국이다.

15~20년 기대수명 젖소 ⇨ 4~5년 만에 도태

초유를 포함해 처음 몇 달 동안 새끼를 위해 대자연이 배려한 우유는 영양가와 함께 생명물질이 가득한 음식이다. 그 다음에 나오는 우유는 새끼를 위한 것이 아니라 인간이 과학기술이란 미명하에 억지로 더 빼내는 액체 식품이다. 그러므로 이 음식에는 초기에 나오는 우유보다 생명 물질이 부족할 수밖에 없다. 그것은 사료와 맞바꾼 '좋은 음료' 정도의 식품이다. 출산 후 착유 일수가 늘어나면 늘어날수록 이같은 현상은 심해질 수밖에 없다. 그러니 영양소와 면역물질이 많아 이를 마시는 이의 건강을 지켜준다는 우유 본래의 의미가 퇴색되고, 이런저런 부작용이 따라다니는 것도 어쩌면 당연한 일이라 하겠다.

어미 젖소는 출산 후 1~2개월 지나 다시 임신하고, 그 상태에서 계속 우유를 생산하게 된다. 그리고는 다시 출산하기 2개월 전까지 사료 먹고 착유하는 노동을 그치지 못한다. 이런 방식으로 4번째 새끼를 낳은 뒤까지 통틀어 4~5년간 우유를 생산하다가 도태된다. 자연 상태에서는 소의 수명이 15~20년에 달하지만, 생산 능력을 혹독하게 요구받아 산유량이 줄고 질병에 취약해지는 등 경제성이 떨어지기 때문이다. 만일 여성이 제 아기 외에 동네의 많은 아기들에게도 한꺼번에 젖을 물린다고 생각해보라. 그녀는 아무리 건강하다 해도 과부하가 걸려 조로할 수밖에 없을 것이다. 젖소도 마찬가지 처지임을 감안할 때, 운명이 가혹한 동물이라고 하지 않을 수 없다.

물론 그렇게 해서 많이 생산된 우유가 인간의 식품 부족 문제를 해결하고 식탁을 풍요롭게 하는 데 기여한 것은 사실이다. 이런 방법이 아니라면 지구촌의 너무나 많은 인간들을 제대로 먹여 살릴 수 있는 다른 묘안도 없다. 그렇긴 해도 이제 초원에서 새끼를 모성애로 돌보고 대지의 고유한 리듬에 맞춰 평화롭게 살아가는 젖소들을 보기 어렵게 된 것은 뭔가 뒷맛을 씁쓸하게 한다. 최대의 생산성 추구 대상이 되어 야생에서 살아갈 수 없는 돌연변이 동물처럼 변신한 오늘날의 젖소는 이제 꼼짝없이 인간을 위해 식품을 양산하는 생물 기계가 되고 말았다.

물고기들이
수상하다

○

　가축뿐 아니라 물고기들도 수상해졌다. 강이나 호수에서 자유롭게 헤엄치는 민물고기든, 내수면 양식하는 담수어든 정상이 아닌 것들이 많다. 바다에 서식하는 것들과, 가두리 양식하는 해수어도 마찬가지다. 강, 호수, 바다에 스며든 독성 물질 등 각종 오염 물질로 기형이 되거나, 중성화(中性化) 하는 등 해괴한 일들이 발생한다. 이들 물고기는 축산물 처럼 인간의 식탁에 오르는 식품이란 점에서 우려감을 더한다.

중성화(中性化)된 민물고기

　지난 2017년 영국수산학회 50주년 기념 학술행사에서 엑세터대 찰스 타일러 교수팀은 영국 내 50곳의 강에서 조사한 수컷 민물고기의 성이 일부 중성으로 전환됐다는 충격적 논문을 발표했다. 이 논문에 따르면 피임약과 항우울제 등 2백여 가지 화학물질들이 하수 처리 시설을 통해 강물에 섞여 들어가 수컷 민물고기의 20%를 트랜스젠더로 만들었다는 것이다. 즉, 암컷 물고기를 유혹하기 위한 공격적이고 경쟁적인 행동이 줄어들고, 수컷의 정자 생산량이 감소했으며, 심지어 수컷이 암컷처럼 알을 낳는 기이한 현상까지 일어났다고 한다.

이러한 물고기의 중성화 현상은 영국 내에만 그치는 것이 아니다. 우리나라에도 일찍부터 이 문제가 불거졌으며, 공업화로 경제성장을 추진하는 나라들 중 상당수가 비슷한 상황이다. 전남대 조현서 교수팀이 2013년 환경부 의뢰로 남한강, 영산강, 낙동강 등의 붕어를 조사한 결과 평균 32.3%에서 이성 생식세포가 나타나는 등 중성화 현상이 관찰되었다. 이 수치는 2003~2006년 조사 결과(중성화 붕어 출현율 4.8~8%)에 비해 10년 새 4~7배 폭증한 것이어서 더욱 충격적이다.

조 교수팀은 세포 현미경 관찰 등을 통해 전체 붕어 62마리 가운데 수컷(14마리)은 생식세포를 정상적으로 보유했지만 암컷(48마리)은 20마리(41.7%)의 난소에 수컷 생식세포가 존재하는 것을 확인했다고 밝혔다. 그러면서 강물에 녹아든 의약물질이나 농약, 산업 공정에서 나오는 화학물질 등 내분비계를 교란하는 환경호르몬에 물고기가 장시간 노출되면서 이같은 병리 현상이 발생한 것으로 보인다고 덧붙였다.

바닷고기도 성 정체성 혼란 초래

물고기의 병리 현상은 민물고기에만 국한하는 것이 아니다. 바닷고기와 민물고기 모두에서 관찰된다. 국립환경과학원이 2011년 펴낸 한

보고서에 따르면 경기도 시화·안산, 울산·온산, 전남 광양·여수 지역의 바닷가와 소하천에서 잡은 8개 어종, 748마리 물고기 가운데 116마리(15.6%)가 이성(異性)의 생식세포를 보유했다고 한다. 사정이 이 정도라면 한국은 전체 연안과 강, 하천, 호수 등 물 있는 모든 곳에 성 정체성 혼란을 겪는 괴물고기들이 우글거린다고 해도 과언이 아닐 것이다.

중성화만이 문제가 아니다. 외형만으로도 정상에서 벗어났음을 금새 알 수 있는 물고기들이 종종 관찰된다. 몇몇 TV 보도에 따르면 한강에서 등이 굽었거나, 한쪽 눈알이 튀어나왔거나, 아가미가 벌어진 기형 물고기들이 수시로 발견된다. 누르스름해야 할 피부가 붉거나 검게 변한 것들이 있고, 버짐 증상이 보이는 것들도 확인된다. 다른 강들이나 산업단지가 위치한 바닷가도 사정이 비슷하다. 심지어 석유 냄새 풀풀나는 물고기들이 포획돼 음식점으로 팔려가는 경우도 비일비재하다. 이 같은 현상은 민물이든 바닷물이든 우리나라는 더 이상 물고기들이 편히 호흡할 수 없는 곳이 되었음을 말해준다.

강 & 바다에 괴물고기들 우글거린다

사정이 이렇게 된 것은 오랜 기간 민물과 바닷물이 오염되고 강과 바다 생태계가 바뀐 것이 큰 원인이다. 5천만 인구가 방방곡곡에서 비누와 샴푸와 합성세제를 사용하고, 각종 생활 폐기물을 내보내니 강과 바다가 그 영향을 받을 수밖에 없다. 농사에 쓰이는 농약과 화학비료, 축산농장에서 배출되는 폐수, 골프장에 뿌려대는 맹독성 농약 등이 강, 바다에 흘러들어간다. 공업용 폐수는 부정적 역할을 하는 주범이다. 상당량의 독성 물질을 하수 처리장 등을 통해 걸러낸다고는 하지만, 아무래도 한계가 있을 수밖에 없다.

　수년 전에는 4대강 치수 사업으로 수중보 등이 많이 들어서고 모래, 자갈 등을 대량으로 파내 문제가 더욱 불거졌다. 가뭄이 들면 강의 수면에 녹조가 퍼렇게 번져 불길한 느낌을 준다. 바다에는 수시로 적조 현상이 생겨나 공포감을 초래한다. 생태계가 이렇게 급변하면서 민물과 바닷물이 동시에 몸살을 앓고, 거기서 헤엄쳐 놀아야 할 물고기들은 비상 상황으로 내몰리는 운명이 된 것이다.

중금속·플라스틱 물고기, 사람의 식탁으로

　강이나 연안뿐만 아니라 심지어 너른 바다에서 활개치는 물고기들에서도 이상 현상들이 감지된다. 참치의 수은 중독 문제는 어제 오늘 지적된 것이 아니다. 덩치가 매우 커서 먹이사슬의 상층부에 있는 참치는 바다에서 중간 크기이거나 작은 물고기를 포식하며 산다. 그 과정에서 그들 먹잇감이 지닌 수은이 체내에 들어와 차곡차곡 쌓이고 빠져나가지 않는다. 그런 참치를 사람이 포획해 통조림이나 회 등으로 무수히 소비한다. 사람에게 수은이 축적돼 질병을 야기할 수 있는 구조다.

　지구촌 바다는 어디랄 것 없이 플라스틱 폐기물로 오염됐다. 수심이 매우 깊은 바닷속과 극지방 바다에까지 플라스틱 폐기물들이 흘러가 바닷고기들이 피해를 입는다. 플라스틱은 큰 것들도 많지만, 잘게 부서져 바닷물에 있는 듯 없는 듯 뒤섞인 양이 엄청나다. 바다의 물고기들은 이들 폐기물을 매일같이 먹잇감으로 오인해 먹는다. 그 결과 플라스틱 물고기가 무수히 생겨나고 어부들이 이를 포획해 우리의 식탁에 오른다. 이렇게 사람 몸에 들어온 플라스틱은 각종 난치병, 불치병의 원인이 된다.

오염물질과 항생제에 찌든 양식 물고기들

자연의 물고기들만 운명이 심하게 꼬이는 것은 아니다. 내수면 양식장이나 바닷가 가두리 양식장의 물고기들도 오염물질과 항생제 투여로 지쳐버렸다. 연어는 아메리카 대륙에서 대량으로 양식해 전 세계에 수출하는 물고기다. 우리나라와 일본 홋카이도(北海道) 등 주요 관광지 음식점에서 파는 연어는 대부분 아메리카 지역에서 수입하는 것들이다. 그런데 이들 연어는 가로, 세로, 높이가 각각 30m 정도인 케이지 안에 5만 마리 정도씩 담겨 성장한다. 이렇게 빽빽하게 가둬 양식하다 보니 질병 발생을 피할 수 없다. 전염성 연어빈혈과 연어리케차성 패혈증 등 바이러스로 인한 내출혈증이 발생해 때때로 항생제를 과다 살포하기도 한다. 이로 인한 소비자 피해를 걱정하는 따가운 시선들이 많다.

미국 등이 중국산 민물고기에 대해 항생제 오염을 이유로 수입을 금지하는 사건도 종종 지구촌 빅뉴스로 전해진다. 항생제 남용이 얼마나 심각한지 보여주는 사례들이다. 우리나라는 뱀장어나 메기, 미꾸라지 등의 양식장에서 항생제를 기준치 이상으로 사용하거나 심지어 사용이 금지된 약제를 살포했다가 당국에 적발되는 사건이 되풀이된다. 해양수산부에 따르면 동물용의약품으로 인한 수산물 안전성 조사 부적합 발생건수가 2015년 18건, 2016년 30건, 2017년 46건 등 해마다 급증하는 추세여서 국민의 식탁에 불안의 그림자를 드리우고 있다.

중성 민물고기, 사람을 트랜스젠더화 할 수 있다

그동안 물고기의 이와 같은 실태를 잘 모른 채 무심코 생선 요리를 즐겨온 사람들도 있을 것이다. 그들이 민물고기의 상당수가 중성화되는 추세이고, 이들이 식탁을 거쳐 자신의 몸에 들어간다는 사실을 인식한다면 놀라지 않을 수 있겠는가. 이 경우 물고기에 축적된 환경호르몬이 인체에 들어가 사람을 트랜스젠더화 할 가능성을 완전히 배제할 수 없는 노릇이다. 항생제와 기타 사용 금지 약물, 독성 물질 등이 물고기를 거쳐 체내에 들어오는 일이 반복되는 것도 이 시대를 살아가는 인간들에게 불행한 일이라 하지 않을 수 없다.

3

'혼돈의 밥상'과 질병

'혼돈의 밥상'이 초래한 전염병은 급기야 세계 경제를 침몰시켰다. 질병 바이러스의 공습으로 외계인이 침공한 것과도 같은 위기가 초래됐다. 밥상의 무질서는 식원병인 비전염성질환 환자도 양산하고 있다. 이 두 가지를 안전한 밥상을 통해 해결해야 하건만, 현실은 녹록지 않다.

몬도가네 음식과
욕망

○

음식에는 인간의 애환과 욕망, 문화 및 역사가 깃들어 있다. 서민들이 오래 전부터 먹어온 것이라면 그들의 고단한 삶이 투영돼 있기 마련이고, 식도락가들이 즐긴 음식이라면 그들의 욕망이 질펀하게 녹아 있는 듯한 느낌을 준다.

사람들은 우선 배고픔을 해결하기 위해 매일 무언가를 먹는다. 그 다음은 미각에 어필하기 위해 먹고, 건강을 증진하기 위해 음식에 다가가기도 한다. 좀 더 여유 있는 이들은 그 음식을 둘러싼 문화와 역사를 음미하며 저작(咀嚼)을 즐긴다. 스토리를 함께 먹는 것이다.

어느 경우든 인간은 육체적으로, 그리고 정신적으로 만족감을 얻기 위해 식사를 한다. 음식을 먹는 과정에서 심신에 해가 될 일은 하지 않으려 한다. 그런데 다른 관점에서 살펴보면 인간은 종종 음식을 통해 자신과 가족은 물론이고 경우에 따라 사회 전체를 불행의 늪에 빠져들게 만들기도 한다. 물론 이는 그들이 의도한 결과는 아니다. 그들은 온당한 소비 행동을 했는데 결과가 부정적으로 나온 것일 뿐이다. 그럼에도 불구하고 이런 결과가 빚어지는 것은 사람들이 기본적으로 맛난 것을 풍족하게 먹으려 하는 본능대로만 움직이기 때문이다.

비근한 예가 맛있고 신선한 식재료를 얻기 위해 밀림을 들쑤시며 사냥하고, 그 결과 생태계가 파괴되는 것이다. 그로 인해 생태계 안에서 수만 년 동안 조용히 지내던 바이러스들이 끌려 나와 전염병을 일으키는 원인이 되기도 한다. 이 경우 환경 및 보건정책 당국의 선제적 대응이 요구되지만, 대부분은 사후약방문 식으로 일이 처리돼 재앙을 막지 못하게 된다.

이런 결과를 놓고 볼 때 인간이 똑똑한 것 같으면서도 한 꺼풀 벗겨내고 들여다보면 참으로 어리석은 존재가 아닌가 하는 회의감이 들기도 한다. 현대에 이르러 밥상이 '종말'을 고할 수밖에 없는 이유다.

중국인, 다리 달린 것은 책상 빼고 다 먹는다?

2020년 초 세계가 '코로나19'라는 전염성 질환의 창궐로 혼돈에 빠져들 무렵, 나는 여러 나라의 몬도가네 음식을 연구하고 있었다. 몬도가네 음식은 단순히 혐오 음식만을 의미하지는 않는다. 이들 중 상당수는 식도락가들이 즐기는 것이고, 건강과 정력을 높이기 위해 먹는 별식들이다. 조상 대대로 허기를 달래고 부족한 단백질을 보충하기 위해 어쩔 수 없이 먹은 것들이 일상의 음식으로 자리 잡은 예들도 있다. 내가 몬도가네 음식을 좇은 것은 이것이야말로 많은 인간사와 연결된 음식이란 판단이 들었기 때문이다.

몬도가네 음식 종류가 가장 많은 나라는 중국이라 할 수 있다. 중국은 '다리 달린 것은 책상 빼고 다 먹고, 나는 것은 비행기 빼고 다 먹는다'는 나라다. 15억 인구와 56개 민족이 어울려 사는 큰 땅덩어리이다 보니 음식 종류가 무척 많을 수밖에 없다. 그러다보니 다른 나라 사람들이 보기에 엽기적이거나 희귀한 음식들도 당연히 많다.

중국 내에 돌아다니는 동물은 거의 다 요리 재료로 쓰인다 해도 과언이 아니다. 곰, 낙타, 코뿔소, 코알라, 사향고양이, 오소리, 공작, 고슴도치, 여우, 늑대, 원숭이 등 다른 나라는 동물원에서나 만날 수 있는 야생동물들의 고기가 재래시장이나 소셜 네트워크 서비스(SNS)를 통해 유통된다. 당국의 단속을 피해 쉬쉬하면서도 이들을 이용해 진귀한 음식을 만들어 파는 음식점들도 베이징(北京) 등 대도시 곳곳에 있다.

곰은 밀렵이 금지돼 그 고기의 거래가 불가능하고 요리로 이용할 수도 없다. 그럼에도 불구하고 중국 내 부호들이 당국의 단속망을 피해가며 식도락으로 곰 발바닥 요리를 즐긴다. 이는 상어 지느러미 음식, 바다제비집 요리 등과 함께 세계 3대 진귀한 요리로 꼽힌다.

이 요리는 만들기가 매우 번거롭고 많은 정성을 요한다. 우선 땅에 구덩이를 파고 석회를 반쯤 채운 뒤 곰 발바닥을 넣어 사흘간 발효시킨다. 이를 꺼내 산초와 소금으로 간한 뒤 밥솥에 10여 차례 쪄준다. 이렇게 요리하는데 1주일 이상 걸린다고 한다.

곰은 힘이 센 동물이고, 그 힘이 발바닥을 통해 분출되므로 이를 먹으면 정력이 넘친다는 게 이 요리 애호가들의 생각이다. 그러다보니 부족한 물량을 충당하기 위해 러시아와의 국경을 통해 곰 발바닥을 들여오는 밀수업자들이 종종 세관의 단속에 적발된다. 곰 발바닥은 한 개에 1백만 원 안팎에 거래된다. 요리로 제공되면 값이 훨씬 더 비싸질 수밖에 없다. 그런데도 법망을 피해가며 이 요리를 찾는 이들이 줄지 않는 것은, 고도성장으로 부호들이 많이 등장한 요즘 중국 사회의 단면을 엿볼 수 있게 한다.

원숭이 역시 공식적으로는 중국 내에서 요리로 이용할 수 없는 동물이다. 그런데도 은밀히 원숭이 골 요리가 부호들의 미각을 유혹한다. 이는 엽기의 극단을 치닫는 요리다.

중국 남부의 재래시장에서는 내장을 없애고 오징어처럼 납작하게 눌러 건조한 원숭이들을 흔히 볼 수 있다. 말린 원숭이들은 저마다 흰 이를 드러낸 해학적 자태를 하고 있다. 이들은 사람들에게 팔려가 탕으로 끓이거나 고기로 구워져 식탁에 오른다. 원숭이 골 요리는 이와 다른 기괴한 음식이다.

원숭이 골 요리와 살아 있는 새끼 쥐 먹기

손님이 고급 요정에 나타나면 우리 안에 갇혀 있던 원숭이가 주인에게 끌려 나온다. 원숭이는 손님이 앉은 테이블 밑으로 들어가 테이블에 뚫린 구멍 위로 머리를 내민다. 주인은 탁자 위로 봉긋이 올라온 원숭이 머리에 뜨거운 물을 붓는다. 이는 일종의 소독 행위다. 그런 다음 면도칼로 머리에 난 털을 싹싹 민다. 가장 잔혹한 장면은 그 다음에 벌어진다. 손님이 미리 준비된 망치로 원숭이의 두개골을 후려치는 것이다. 그 순간, 원숭이는 기절을 하고 만다. 손님은 이어서 망치와 정을 적절히 휘두르며 두개골 상단부를 뽀개 떼어낸다.

이제 광란의 만찬 시간이다. 손님은 뚜껑을 연 것처럼 벌어진 원숭이 두개골 안에 숟가락을 넣어, 김이 모락모락 나는 골을 떠먹는다. 골속에 갖은 양념을 섞어 떠먹기도 한다. 원숭이 골은 두부처럼 부드럽고 해산물 같은 맛이 난다고 한다. 웬만한 강심장이 아니고는 구경하는 것만도 힘들 텐데, 이렇게 괴팍한 만찬 자리에서 주빈이 되는 사람은 과연 누굴까. 고개를 내두르지 않을 수 없는 장면이다.

성인 허벅지만 한 뱀을 식칼로 뚝뚝 썰어 판다

중국의 또 다른 몬도가네 음식을 들라면 새끼 쥐 음식과 곤오리알 등을 빼놓을 수 없다. 새끼 쥐 음식은 갓 태어난 것을 산 채로 먹는 것이다. 새끼 쥐들은 인간에게 먹힐 때 세 번 운다고 한다. 젓가락으로 집을 때와 소스에 찍을 때, 그리고 입에 넣는 순간 등이다. 이렇게 세 번 찍찍 운다고 하여 이 요리에 '산쯔얼(三吱兒)'이란 이름이 붙었다.

곤오리알은 거의 다 부화돼 꺼병이가 껍질을 깨고 나오기 직전의 알이다. 이를 삶아 껍질을 벗기면 그 안에서, 죽은 꺼병이의 대가리와 작은 물갈퀴 등이 형체를 드러낸다. 이를 통째로 소금에 찍어 와작와작 썹어 먹는 중국인들의 식사법은 꽤 오랜 연원을 가지고 있다. 따라서 다른 나라 사람 잣대로 기이하게 여겨 왈가왈부할 일은 아니지만, 이해하기 힘든 몬도가네 음식인 것만큼은 부정할 수 없다.

중국을 포함한 동남아시아 지역에서는 뱀과 쥐를 식용하는 습관도 있다. 다른 나라에서는 이 둘을 세균과 바이러스의 온상이라 하여 기피하는데, 이들 나라 사람들은 그렇지 않다. 일상적으로 요리해 먹을 수 있는, 값싼 단백질 공급원으로 여긴다. 재래시장에 들르면 포획해 대꼬챙이로 찔러 말린 쥐들이 좌판 가득 쌓여 있는 풍경을 볼 수 있다. 뱀도 많은 종류가 햇볕에 말린 채 대꼬챙이에 어지럽게 걸려 있다. 덩치가 사람 허벅지만 한 뱀은 푸줏간의 식육처럼 식칼로 뚝뚝 썰어서 판다. 사람들은 뱀을 사다가 닭고기 등과 함께 끓여 육수와 함께 맛나게 먹는다. 그들은 이를 절대 혐오 음식이라 여기지 않는다.

예쁜 처녀가 쥐꼬리 씹어 먹어

쥐는 과거 먹을거리가 절대적으로 부족하던 시절부터 들에서 잡아 단백질 보충용으로 사용하던 식재료다. 그들은 쥐가 주로 벼논에서 살아 깨끗한 동물이라고 생각한다. 이 쥐는 실제로 선진국의 도시 시궁창을 들락거리는 쥐와 다르다. 자연의 식구일 뿐이다.

나는 언젠가 라오스의 한 농가에서 벼논의 쥐 두 마리만으로 가족이 저녁 반찬을 대신하는 것을 보고 놀란 적 있다. 가난에 절은 그 농가의 일곱 식구는 쥐들을 토막 내 끓인 국물로 밥을 먹었다. 쥐 대가리는 칼 등으로 짓이겨 간장종지에 넣었는데, 그들은 쌀밥을 주먹으로 돌돌 말아서 그 간장에 찍어 맛나게 먹었다. 기가 찰 노릇이었다.

그런데 그게 다가 아니었다. 그 농가에는 예쁜 처녀가 한 명 있었는데, 그녀가 손가락으로 쥐의 꼬리를 잡아 빼더니 입에 물고 아작아작 씹기 시작하는 것이었다. 그녀의 하얀 이빨 밖으로 길게 늘어진 쥐꼬리가 그녀의 예쁜 얼굴과 대조돼 나는 벌린 입을 다물 수 없었다. 밥이 목구멍으로 넘어가지 않았다. 하지만 그들은 어리둥절해 하는 나를 오히려 이상한 시선으로 바라봤다. 이처럼 몬도가네 음식은 바라보는 시각이 상대적일 때가 많다.

고목 쓰러뜨려 그 안의 애벌레 먹는다

전 세계 몬도가네 음식의 사례는 일일이 헤아리기 어려울 만큼 많다. 인도 사람들은 고목을 쓰러뜨려 그 안에서 나오는 애벌레들을 먹는 습관이 있다. 애벌레들은 누리끼리한 빛깔에 크기가 대추만하다. 꾸물거리는 그것들을 산 채로 입에 넣고 씹어 넘긴다. 우리에게는 토악질이 나올 법한 풍경이지만, 그들은 그렇게 벌레를 먹고는 엄지척을 한다. 최고로 신선한 고급 단백질원을 섭취했다는 뜻이다. 아프리카의 악어고기는 닭고기와 생선의 중간쯤 되는 맛을 준다. 한국인에게는 매우 이상한 맛이지만 아프리카인들에게는 익숙한 맛 가운데 하나다.

우리나라도 몬도가네 음식이 많은 나라다. 개고기는 연원이 오래된 전통음식이고 중국과 북한에서도 즐기지만, 서양인들은 이 고기 먹는 우리를 야만인 취급한다. 도사견을 수백 마리씩 길러 식용으로 납품하는 것을 도저히 납득하지 못한다.

녹용과 사슴피는 한국인에게 최고의 보약이다. 사슴 농장 주인은 이들을 얻기 위해 매년 6월경이면 수사슴들에게 마취 총을 쏜다. 총에 맞아 사슴이 의식을 잃은 순간, 주인이 길고 늠름하게 자란 뿔을 전기톱으로 싹둑 잘라낸다. 그리고는 뿔 절단 부위에서 흘러나오는 피를 정성스레 용기에 받는다. 이 피는 일부 관광객들이 보혈로 알고 먹는다. 사슴들에겐 흡혈귀로 비칠 일이다. 실제 녹용 채취 철이 되면 사슴들이 사람을 피해 농장 울타리 안에서 이리 저리 날뛴다. 뿔과 녹혈을 앗아 갈 사람들을 악마처럼 생각해서일 것이다. 그렇지만 그들은 사슴을 단지 자신들의 보신을 위한 가축으로 여길 뿐이다.

사슴피를 보혈로 알고 먹는 인간 흡혈귀

세발낙지도 엄밀한 의미에서 몬도가네 음식이다. 물그릇 안에서 행복하게 헤엄치는 낙지의 숨구멍에 나무젓가락을 잽싸게 찔러 넣어 둘둘 만 다음 입에 넣고 씹어 먹는 것을 다른 나라 사람들이 정상적인 풍경으로 받아들이기 힘들다. 낙지는 인간 악마의 이빨에 씹히면서도 빨판으로 입천장에 달라붙어 죽지 않으려고 안간힘을 쓴다. 그런데 인간은 그런 낙지의 힘이 몸에 들어가 자신의 원기와 생명력으로 살아 오른다고 생각하며 흡족한 미소를 짓는다.

홍어는 요즘 전국적인 음식이 됐지만 30~40년 전만 해도 호남 해안가의 향토음식에 머물러 있었다. 그래서 당시는 외국인은 말할 것도 없고 다른 지방 사람들에게도 수상한 음식으로 비쳤다. 외지인들은 푹 삭은 홍어를 잘 발효된 건강식품으로 인식하지 못했다. 그 무렵 어느 신혼부부 한 쌍이 호남 해안가로 신혼여행을 왔다가 홍어 음식점에 들렀다. 주인은 그들을 위해 잘 삭힌 홍어를 저녁 음식으로 내주었다. 그런데 홍어를 한 점 집어먹던 신랑이 퀴퀴한 암모니아 냄새와 혀를 얼얼하게 쏘는 그 맛에 놀라 밥상을 냅다 엎어버렸다고 한다. "썩은 생선을 다 내어주다니, 우리 부부 신혼여행 망칠 작정이요?"라고 고함을 지르며.

홍어의 퀴퀴한 냄새에 놀라 밥상 엎어버리기도

이것은 그 신랑의 음식에 대한 몰이해에서 비롯된 해프닝이다. 한때는 한국인조차 이처럼 홍어음식에 친밀감을 갖지 못했으니, 외국인들은 어떻겠는가. 잘 모르긴 해도 이 음식을 대하는 순간 그 강렬한 썩은 맛에 '악마나 먹을 음식' 정도로 생각할 것만 같다.

이렇게 한국인을 포함해 세계인이 먹는 몬도가네 음식은 다양하고, 이들을 만드는 데 쓰이는 식재료의 폭도 상당히 넓으며 기상천외하다. 특히 동물류는 몸집이 거대한 것부터 작은 곤충류와 생선류에 이르기까지 매우 다양하고 광범위하다. 인간은 그들 가운데 최고 포식자로 우뚝 서 있어 모든 것을 재료로 쓸 수 있고, 별의별 기이한 음식들을 다 만들어 먹을 수 있다.

최상위 포식자인 인간이 하위 포식자를 잡아먹는 다른 나라 식문화를 자신과 다르다고 사갈시할 필요는 없다. 문제는 그 놈의 입이다. 뭔가 좋은 것을 먹어 자신만의 건강을 각별히 챙기려 하는 인간의 욕망이 나라별로 특이한 엽기음식을 양산하는 것은 아닌가 하는 생각이 든다.

검은 도포 걸친 저승사자 연상시키는 박쥐

그렇지만 생각이 박쥐 요리로 모아지면 몬도가네 음식에 대한 나의 판단은 복잡해진다. 박쥐는 쥐처럼 동아시아의 여러 나라에서 서민들이 부족한 단백질을 보충하기 위해 오래 전부터 먹어온 동물이다. 가난할 대로 가난하던 시절, 동굴이나 들판에서 포획한 박쥐는 농가 주부들에게 중요한 음식 재료로 쓰일 수밖에 없었다. 하기야 그 시절은 메뚜기든, 개구리든, 귀뚜라미든 땅 위에 움직이는 모든 것들은 허기를 메우기 위해 잡아먹을 수밖에 없는 대상이었다. 서민의 입은 욕망을 채우는 데 쓰일 만큼 한가하지 않았다. 그들은 생존을 위해 박쥐를 잡아먹었고, 그런 애환의 연장선에서 오늘도 박쥐 요리를 밥상에 올린다.

동아시아 여러 나라, 그것도 주로 개발도상국에서 도시의 재래시장이나 변두리 야시장이 박쥐를 만날 수 있는 장소들이다. 이곳에서 서민들은 부족한 주머니 사정을 감안해 비싼 육류 대신 박쥐를 구입한다. 박쥐는 갓 잡아 온 것들도 있지만, 주로 날개를 활짝 펴거나 반대로 오므린 채 햇볕에 건조한 상태다.

박쥐는 얼굴 생김새가 쥐와 비슷하다. 그런데 거기 깃든 표정은 쥐와 사뭇 다르다. 쥐는 약삭빠른 느낌을 주지만, 박쥐는 왠지 애처로운 기분이 들게 한다. 어떤 녀석들은 검정색 바탕에 험상궂은 표정을 하고 있기도 하다. 시커먼 얼굴과 거뭇거뭇한 날개가 마치 검은 도포 걸친 저승사자를 연상시켜 치가 떨리게 하기도 한다.

박쥐 고기와 생피, 유명인들도 암암리에 찾아 먹어

박쥐요리는 종류가 다양하다. 통상적으로 탕으로 끓여내는 박쥐탕을 주로 먹는데, 이외에도 튀김, 회, 수프, 육포 등으로 다채롭게 이용된다. 특히 중국에서는 박쥐고기와 박쥐의 생피가 기침, 설사, 정력 증진 등에 좋은 것으로 소문나 요즘은 유명인들도 암암리에 찾아 먹는다고 한다. 더구나 TV나 SNS의 먹방 프로그램이 인기를 끄는 가운데 간혹 그런 프로그램에 소개되고, 도시 샐러리맨들이 고향의 맛을 연상하며 즐겨 찾아 최근 그에 따른 포획량이 꽤 늘어난 것으로 알려진다. 가난하던 시절 어쩔 수 없이 먹던 음식이 이제는 도시인에게 친근한 음식으로 자리 잡은 것이다. 중국과 태국, 라오스, 인도네시아 등의 도시 재래시장에서 도축한 박쥐를 사고 파는 풍경을 쉽게 볼 수 있는데, 이는 이 동물이 얼마나 사람들의 밥상에 잘 오르는지 어림짐작할 수 있게 하는 대목이다.

박쥐 요리와
'코로나19' 팬데믹

○

그렇게 동남아시아에서 궁핍하던 시절 서민 음식 재료로, 그리고 최근에는 도시인의 별미 음식 재료로 그 역할을 해오던 박쥐가 2020년 지구촌에 대형 사고를 몰고 왔다. 박쥐의 코로나(Corona) 바이러스가 변이 과정을 거쳐 신종 코로나 바이러스로 재탄생한 다음 인간을 공격해 수많은 '코로나19(COVID-19: 신종 코로나 바이러스 감염증)' 확진자와 사망자가 발생했고, 이로 인해 세계가 침몰한 것이다. 각국이 국경을 봉쇄해 외국인 입국을 막고 자국민에게도 이동 금지 명령을 내려, 지구촌이 혼수상태에 빠진 형국이 됐다.

통곡의 도시 우한 침몰시킨 신종 바이러스

2019년 말 중국 우한(武漢)에서 시작된 코로나19는 불과 두어 달 만에 도시를 완전 마비시켰다. 인구 1,100만 명의 대도시에서 주민 엑소더스가 일어나 도시가 텅텅 비었다. 당국은 도시를 봉쇄해 도시 진출입이 불가능해졌으며, 남아 있는 주민들에게는 외출 금지령이 내려졌다. 병원마다 환자들이 넘쳐났지만 치료약과 병실 부족으로 제때 적절하게 치료받지 못하며 사망자가 무더기로 쌓여 갔다.

'통곡의 도시' 우한을 침몰시킨 신종 바이러스는 중국 내 다른 도시와 성, 한국, 일본, 홍콩, 싱가포르 등으로 빠르게 퍼져나갔다. 중국은 대부분의 항공기와 열차가 멈춰 섰고, 홍콩은 관광객 급감과 금융 산업 마비로 경제가 벼랑 끝에 내몰렸다. 내수가 경제의 70%를 떠받치는 일본은 사람들이 동요하면서 경제가 얼어붙었고, 2020년 도쿄올림픽 행사마저 연기되는 사태가 발생했다. 한국은 전국적인 조직의 교회와 콜센터, 요양원 등에서 코로나19 확진자가 무더기로 나오면서 이 전염병이 전국으로 급속히 번졌고, 자영업자의 90%가 심각한 매출 감소를 겪는 등 혼돈이 이어졌다.

동아시아 각국은 전시 상황을 방불케 했다. 유치원, 어린이집과 초·중·고 및 대학이 휴업에 들어갔고, 교회와 사찰이 문을 닫았으며, 대형 마트와 백화점들도 폐쇄됐다. 수백만 개의 공장들이 가동을 멈춰 수많은 사람들이 일자리를 잃었다. 제조업과 금융, 무역, 관광 등 산업 및 경제 전 영역에서 촘촘히 연결돼 있던 동아시아 시스템이 이 사태로 급격히 무너졌다. 특히 세계 국내총생산(GDP)의 24%, 교역량의 60%를 차지하는 한·중·일 3국이 '코로나 쇼크'를 겪으면서 전 세계 경제에 심각한 타격을 주었다.

외계인이라도 침공한 듯 만신창이 된 지구촌

그후 이 전염병은 유럽과 미국, 중동, 중남미, 아프리카 등지를 강타하며 전 세계로 빠르게 번져 나갔다. 세계보건기구가 코로나19의 팬데믹(대유행)을 선언하면서 나라마다 국경을 봉쇄했으며, 시민 이동 금지와 상점 영업 제한령에 더해 출근 금지령이 내려지기도 했다. 인구 14억의 인도는 전 국민에게 집 안에만 머물 것을 명령해 나라 전체가 마비된 듯한 상황이 연출됐다. 답답해서 집 밖으로 나오는 주민들에게는 경찰관이 몽둥이를 휘둘러 다시 집 안으로 들어가게 했다.

중국, 러시아 등은 전 세계 외국인의 입국을 금지하는 등 초강수를 뒀다. 프랑스, 독일, 영국 등 유럽연합 국가들의 주요 관광지가 텅텅 비고, 도시마다 인적이 사라져 유령도시를 연상케 했다. 이탈리아와 스페인 등은 폭증하는 감염자와 사망자를 감당하지 못해 의료체계가 마비되고 경제가 붕괴하는 지경에까지 이르렀다. 미국은 국가비상사태를 선언했으며, 뉴욕과 로스앤젤레스 등 대도시의 경제가 뒤엉키고, 증시가 1929년 대공황 당시를 무색케 할 정도로 대폭락했다.

코로나19의 영향은 그야말로 경제부문의 핵폭탄 폭발과 다름없었다. 마치 외계인이라도 침공해 불가항력적으로 당한 것처럼 전 세계가 혼돈의 도가니로 빠져 들었다. 각국의 수반들마다 2차 세계대전 이후 최대 위기라고 입을 모았을 정도이니, 그 참혹함을 가늠하고도 남는다. 총성이 울리지 않는 전쟁 상황에서 지구촌 전체가 만신창이가 되어 갔다.

제왕 연상시키는 코로나의 '빛나는 왕관'

이 사태의 원인이 된 코로나 바이러스는 전자현미경으로 관찰하면 동그란 몸의 바깥쪽으로 꽃잎 모양의 돌기가 돋아나 있는 것을 알 수 있다. '코로나'란 천문 용어로 '광관(光冠)', 곧 '빛나는 왕관'이란 뜻이다. 미국 국립알레르기·전염병연구소(NIAID)의 사진에서는 이 바이러스가 불그레한 바탕에 실제 노르스름한 왕관을 쓰고 있는 듯한 형태를 드러낸다. 다른 세상의 제왕쯤 된다는 상징일까. 인간 사회를 초토화한 위력은 제왕 정도라야 가능할 것임을 감안하니, 그 왕관 같은 형상에 사람이 헤아릴 수 없는 힘이 내재한 것 같은 상상마저 오버랩 된다. 오만과 교만이 극에 달한 인간 사회에 경종을 울리기 위한 어떤 힘….

박쥐는 지구 생태계를 유지하는 데 매우 중요한 역할을 하는 포유동물이다. 지구상 5천여 종의 포유동물 가운데 박쥐는 1,240여종으로 25%를 차지한다. 이들은 먹이 활동을 통해 지구 동물계의 70%를 차지하는 곤충의 개체수를 조절하고, 밤에는 활동을 멈추는 벌과 나비 대신 식물의 수분을 돕는다. 박쥐가 북미 지역의 농업 생산에 기여하는 가치만 해도 연간 229억 달러(27조 원)에 달하는 것으로 추정된다는 분석도 있다.

박쥐는 '날아다니는 바이러스 저장소'

이렇게 중요한 역할을 하는 박쥐가 어쩌다 코로나19 같은 무서운 질병을 초래한 동물이 되었을까. 그 원인을 추적하다 보면 결국 바이러스와 친화력 있는 박쥐의 생리 특성과 마주하게 된다. 박쥐는 주로 축축해서 바이러스가 서식하기 좋은 동굴 내부에 무리지어 산다. 이런 특성으로 인해 서로에게 바이러스를 옮겨, 포유류 가운데 가장 많은 종류의

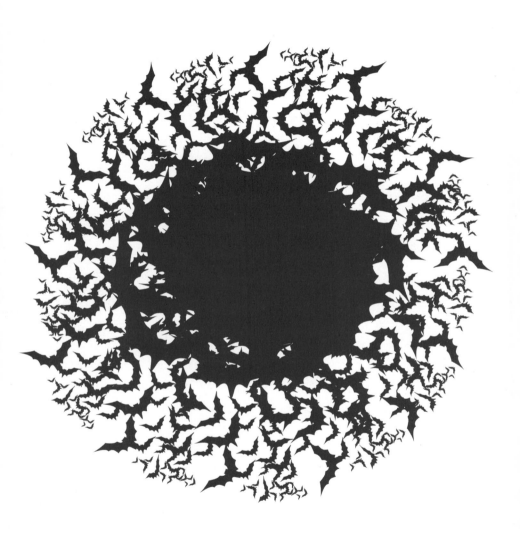

바이러스를 지닌 것으로 알려져 있다. 지난 2013년 미국 콜로라도주립대 웹(Colleen Webb) 교수팀이 학술지 '생물과학(Biological Sciences)'에 발표한 연구 결과에 따르면 박쥐는 모두 137종의 바이러스에 감염될 수 있으며, 이 가운데는 사람에게도 있는 인수(人獸)공통 바이러스도 61종이나 된다고 한다. 박쥐는 이 상태로 사방으로 비행해 '날아다니는 바이러스 저장소' 역할을 하게 되는 것이다.

　박쥐류는 이렇게 많은 바이러스를 지니고 있지만, 특별한 면역체계를 지닌 덕분에 전염병에 걸리지 않는다. 병원균에 감염되지 않아도 지속적으로 인터페론을 생산하는 능력을 지녔기 때문이다. 인터페론은 바이러스에 감염됐을 때 생성되는 특수 단백질로, 항바이러스 효과를 나타낸다. 이에 따라 박쥐는 언제든지 자동으로 감염에 대응할 수 있다. 하룻밤에 수백 km를 이동하는 등 장거리 비행이 가능한 것도 박쥐의 면역력을 높여준다. 장거리를 날다 보면 체온이 40℃ 이상 올라가는데, 이처럼 높은 체온이 슈퍼 면역체계를 가능케 해 박쥐류는 바이러스에 끄떡없는 체질로 활동하게 된다. 이래저래 박쥐는 다양한 바이러스의 전파 온상이 될 수밖에 없다.

　박쥐는 또한 중간 숙주동물을 통해 사람에게 바이러스를 전파하게 된다. 이때 바이러스는 돌연변이 과정을 통해 새로운 바이러스로 변신하게 된다. 신종 코로나 바이러스도 박쥐의 코로나 바이러스가 중간 숙주동물을 거치며 돌연변이를 일으켜 새롭게 생겨난 경우에 해당한다.

　일반적으로 바이러스는 돌연변이가 일어나면 병원성이 약해지는 경향을 보인다. 그러나 그중 일부는 반대로 전염성이 매우 강해지기도 한다. 코로나19를 몰고 온 신종 코로나 바이러스는 후자에 해당한다.

전문가들에 따르면 이 바이러스는, 전염 속도가 상당히 빨랐던 2009년 신종플루보다 그 속도가 3배 빠르고 독성은 20배나 강하다고 한다.

인간 거주지와 박쥐 서식지 겹쳐 문제 초래

그렇더라도 사람들이 박쥐를 잡아 식용하는 습관을 지속하지만 않았어도 코로나19와 같은 전대미문의 대재앙은 발생하지 않았을지도 모른다. 또 박쥐 바이러스의 중간 숙주동물을 남획하는 인간의 이기적인 행동만 제대로 통제됐어도 지구촌 재난을 미연에 막을 수 있었을지 모른다. 기후변화와 급격한 도시화, 산업화 등으로 인간 거주지와 박쥐 서식지가 겹치면서 문제가 불거진 사례들도 지구촌에서 종종 발생했다.

코로나19 감염증은 박쥐 자체로도 문제를 일으켰을 수 있지만, 중간 숙주동물인 천산갑을 통해 문제가 확대됐을 가능성이 제기됐다. 천산갑은 중국 남부와 대만, 동남아시아, 아프리카 등지에 살면서 긴 주둥이로 개미를 핥아먹고 사는 포유동물이다. 단단한 비늘이 몸 전체를 뒤덮고 있어 마치 크고 기다란 솔방울 같은 형체를 드러낸다. 중국인들은 이 비늘이 정력 증진에 도움 된다고 생각해 천산갑탕, 천산갑비늘볶음밥 등으로 만들어 먹는 습관이 있다. 그로 인해 남획되어 천산갑이 멸종 위기에 놓였지만, 아직까지 천산갑 음식에 대한 중국인들의 관심은 수그러들지 않고 있다.

사향고양이와 낙타도 박쥐 바이러스를 인간에게 옮겨 대형 사고를 초래한 주범들이다. 이들 역시 박쥐의 코로나 바이러스에서 출발해 인간을 공격한 신종 바이러스의 중간 숙주 역할을 했다. 물론 낙타는 예외지만 사향고양이 역시 중국에서 암암리에 식용되었고, 거기서 얻은 사향이 고급 약재로 활용되었다. 인도네시아에서는 이 고양이가 루왁 커피를 생산하는 데 이용되기도 한다. 이 고양이가 먹은 뒤 소화기관을 통과한 커피 열매로 만드는 이 커피는 고소한 풍미 덕분에 비싼 값에 팔린다. 이렇듯 사향고양이와 낙타가 인간과 밀접한 생활을 하다 보니 박쥐의 바이러스가 이들 몸에 들어와 변이 과정을 거치며 인간을 공격하는 신종 바이러스로 재탄생했을 것으로 추측된다.

사스와 메르스 바이러스도 박쥐 바이러스의 변종

인류는 사스(중증급성호흡기증후군)와 메르스(중동호흡기증후군) 감염증이 지구촌에 몰고 온 파장을 결코 잊지 못한다. 이들 역시 박쥐의 코로나 바이러스로부터 출발한 전염병들이다. 사스는 이 바이러스가 박쥐로부터 중간 숙주인 사향고양이를 통해, 메르스는 역시 중간 숙주인 낙타를 거쳐 변이를 일으킨 다음 인간을 공격했다.

지난 2002년은 코로나19처럼 지구촌에 사스란 무서운 신종 전염병이 덮친 해였다. 이 질병은 중국 남부의 광둥성(廣東省)에서 발생해 홍콩, 미국, 캐나다, 싱가포르 등으로 급속히 확산되었다. 약 7개월 동안 32개국에서 8천여 명의 환자가 발생했고, 이 가운데 774명이 사망해 약 10%의 치사율을 나타냈다. 메르스는 2012년 사우디아라비아 등 중동 지역 국가에서 발생한 뒤 2015년까지 25개국에서 1,159명의 감염자가 나왔으며 이 가운데 574명이 사망해 무려 35.9%의 치사율을 기록했다. 메르스는 우리나라에서 2015년 이후 186명이 감염돼 이중 38명이 사망, 20.4%의 치사율을 보였다.

사스, 메르스, 그리고 코로나19 감염증 외에도 박쥐로 인해 생겨난 감염병 사례들은 많다. 무분별한 자연 파괴와 도시화, 인구 급증 등으로 박쥐의 서식지와 인간의 거주지가 겹치면서 발생한 사고들이 그런 사례들이다. 1998년 말레이시아 양돈농장 축사 사이사이에 심어놓은 망고나무와 2000년 방글라데시 및 인도 마을 주변에 심어놓은 대추야자나무가 숲속에 살던 과일박쥐들을 끌어들였다. 인간의 개발로 서식지를 잃은 박쥐들이 마을로 날아와 망고와 대추야자를 먹었고, 돼지들이 박쥐가 먹다 떨어뜨린 과일을 먹어 바이러스가 돼지 몸을 거치며 변이가 일어났다. 소위 니파 바이러스다. 이 바이러스가 농장 인부를 공격해 파장을 일으켰다.

호주에는 박쥐가 먹다 남겨 바이러스에 오염된 과일을 다시 말이 먹어 감염병이 퍼진 사례가 있다. 헨드라 바이러스 감염병으로, 이는 1994년 이후 계속 발생해 호주 국민들을 긴장시켰다. 아프리카 여러 나라를 초토화한 에볼라 바이러스 감염증도 과일박쥐의 바이러스로부터 변이가 일어나 사태가 커진 질병이다.

바이러스 감염증을 일으킨 자연 숙주는 박쥐 외에 다른 동물들도 있다. 붉은털원숭이의 지카 바이러스는 중간 숙주인 이집트숲모기를 거치며 변이해 사람을 공격했다. 칠면조의 조류인플루엔자는 닭이나 오리 등 가금류를 중간 숙주로 하여 사람에게 조류인플루엔자를 전염시켰다. 이들 바이러스 감염증은 아직도 지구촌 곳곳에서 사람들의 목숨을 위협하고 있다.

박쥐와 공생한다는 자세 중요

박쥐 등 동물 유래 바이러스 감염병에 대해 인간은 항생제 개발로 대응하고 있다. 그러나 항생제를 만들면 바이러스는 살기 위해 변신을 계속하고, 그 과정에서 인간을 지속적으로 공격한다. 현재로서는 코로나19 환자가 엄청나게 발생해 변이를 통한 바이러스의 공격을 원천 차단하기가 쉽지 않아 보인다. 그러나 어쨌든 바이러스의 자연 숙주가 박쥐이므로, 이 포유동물과 공존한다는 자세를 갖는 것은 매우 중요하다. 100여 년 전에는 박쥐의 공격이 없었던 것으로 알려진다. 인간의 거주지와 박쥐의 서식지가 달랐기 때문이다.

적어도 자연 숙주인 박쥐와 여러 중간숙주 동물들을 잡아먹는 행위는 인류의 재앙을 중단시키기 위해 자중되어야 함에도 인간들은 그렇게 하지 않는 경향이다. 사스란 전대미문의 전염병을 출발시키고도 또다시 코로나19를 초래한 중국인들에게서 그런 면모를 읽을 수 있다.

박쥐 생태계 침범한 인간이 화 자초

일각에서는 신종 코로나 바이러스가 당초 알려진 우한 시장의 박쥐가 아닌, 우한바이러스연구소 실험실에서 퍼졌을 것이란 주장이 제기되기도 했다. 이 연구소는 중국에서 포획한 박쥐 수백 마리를 대상으로 각종 연구를 수행해 온 것으로 알려졌다. 그 과정에서 배출된 폐기물이 이 바이러스의 출발점이 됐을 것이란 얘기다. 이것이 원인이 됐든 아니면, 박쥐탕이나 천산갑을 먹는 중국인들의 식습관이 원인이 됐든 박쥐에게는 잘못이 없다. 어떤 경로를 거쳤든 박쥐의 생태계를 침범한 인간들의 욕심이 화를 자초한 것은 틀림없는 사실이다.

에볼라 바이러스 불러낸 부시미트

ㅇ

'부시미트(Bush Meat)'는 아프리카 식문화와 관련된 것이다. 이는 '숲 속 고기'란 뜻인데, 아프리카 원주민들이 식량으로 쓰기 위해 정글에서 잡아들인 동물의 육류를 말한다. 그들이 생존을 위해 사냥해 먹던 야생 동물 고기가 근래 서양인들의 아프리카 관광이 증가하면서 관광객들의 별미로 각광받게 됐다.

아프리카 정글에서 잡아들인 동물의 고기

부시미트는 여러 가지다. 임팔라, 스프링복, 타조, 누, 가젤, 악어, 원숭이, 멧돼지 등 덩치 큰 동물의 고기에서부터 오소리, 고슴도치, 너구리, 기러기, 아프리카여우 등 중간 규모의 동물 고기에 이르기까지 각

양각색이다. 심지어 들쥐나 다람쥐 등 몸집 작은 설치류도 부시미트로 이용되고 있으며, 아프리카에서도 박쥐가 관광객들의 음식 재료로 호기심을 불러일으킨다.

부시미트를 사냥하러 다니는 사람은 소위 '부시맨'이다. 떡 벌어진 가슴에 풀잎으로 아랫도리만 간신히 가린 채 활이나 창을 들고 숲 속을 누비는 부시맨은 서남아프리카의 상징이다. 목숨 걸고 야생동물을 포획해 가족과 이웃의 식량으로 제공한 그들이 있었기에 오늘날까지 그들 종족이 명맥을 이어올 수 있었을 것이다. 요즘도 그들의 활동은 변함이 없다. 나미비아의 수도 빈트후크 중심가에서 활 쏘는 형상의 부시맨 동상이 관광객들의 시선을 끄는 등 서남아프리카 여기저기에 부시맨 상징물들도 있다. 먹거리와 관련한 그들의 역사와 애환을 엿볼 수 있는 상징물들이다.

야생동물 사냥하는 부시맨

아프리카인들의 삶은 그야말로 고단하다. 그들은 혹독한 더위로 인해 채소가 녹아버리는 바람에 농사도 제대로 지을 수 없다. 기껏해야 카사바나 옥수수 등을 어렵게 재배해 입에 풀칠할 정도로 살아간다. 그래서 힘깨나 쓰는 전사들은 마을에 침입하는 적들을 방어하기에 앞서 열대우림을 뒤졌다. 덩치 큰 스프링복이나 야생 멧돼지라도 사냥하면 마을 주민들이 여러 날 포식하며 잠시 식량 걱정을 내려놓을 수 있었다. 요즘은 그렇게 사냥한 야생동물을 관광객들이 가져간다. 부시맨들은 야생동물을 잡아 마을 사람들과 나눠먹는 것보다 돈을 벌어 다른 곡물과 생활용품을 구입하는 게 낫기에 관광객에게 파는 걸 주저하지 않는다.

아프리카에는 매력적인 관광지들이 매우 많다. 북부 지역에서는 피라미드와 스핑크스 등 고대 유적들이 눈길을 끌지만, 서부의 에메랄드빛 아이보리 해안과 중부의 위용 넘치는 킬리만자로산, 그리고 남부의 천둥소리 내는 빅토리아폭포와 맨 끝자락의 희망봉에 이르기까지 외국인들의 감탄을 자아내는 걸출한 관광 명소들이 즐비하다. 아프리카의 사바나 지대 체험이나 맹수를 만날 수 있는 사파리 관광 등도 관광객들에게 인기다.

임팔라 스테이크·악어 고기·타조 요리…

관광객들은 아프리카의 대자연을 체험한 후 저녁에는 호텔이나 로지 근처 음식점에서 식사하며 피로를 푼다. 이때 그들이 즐기는 것이 부시미트다. 임팔라 스테이크, 악어 고기, 스프링복찜, 타조 요리 등 기호에 따라 이것저것 먹을 수 있다. 장작불을 피워놓고 구워먹는 재미도 쏠쏠하다. 이들 부시미트는 야생이란 점이 관광객에게 인기를 끄는 요인이다.

임팔라 스테이크만 해도 그렇다. 임팔라는 소처럼 생겼는데, 뿔이 머리에 하나만 솟은 것이 소와 다르다. 아프리카 사바나 지역에서 마른 풀을 뜯어먹으며 야생하는데, 이를 잡아 만든 스테이크는 농장에서 기른 소의 고기와 비교할 수 없을 만큼 맛있다. 사람들은 그 음식이 지닌 야성의 기운이 몸 안으로 들어가 건강을 지켜주는 것으로 믿는다. 흑인들이 전통음악에 맞춰 춤추며 여흥을 돋우고, 밤하늘의 별들이 쏟아질 듯 내려와 있는 낭만의 밤이기에 부시미트의 맛은 더욱 감격스럽게 다가온다.

이렇게 품위 있는 부시미트 외에 악어나 고슴도치 등으로 만든 혐오스런 것들도 있고, 박쥐나 원숭이, 다람쥐 등을 잡아 만든 이색적인 것들도 선보인다. 관광객들은 이들을 아프리카 현지에서 부시맨들의 도움으로 즐겨 먹는 데 그치지 않는다. 유럽이나 아메리카 대륙, 호주 등지로부터 온 관광객들이 귀국할 때 이들을 구입해 간다. 여행객들이 쇼핑하기 편리하게 햇볕에 꾸덕꾸덕 말려 포장한 부시미트들이 상점에 진열돼 있다. 서양인들은 이들을 관광용품으로 쇼핑하는 데 머물지 않고, 아예 대도시에 거주하며 주요 레스토랑까지 공수해 아프리카의 야성을 느끼며 즐겨 먹기도 한다.

서양의 대도시까지 공수해 야성 느끼며 즐겨 먹어

이렇게 원주민의 식사로부터 관광객들의 별미, 그리고 서구 도시의 이색 음식으로까지 이어졌으니, 그리 되기까지 얼마나 많은 야생동물들이 희생되었을까 상상하는 것은 그다지 어렵지 않다. 부시미트를 조달하기 위해 숲을 사정없이 들쑤시고 다녀 열대의 생물들이 놀랐을 것도 뻔한 일이다. 이것이 인류 역사에 뼈아픈 고통과 불행을 몰고 오는 원인이 되었을 것으로 과학자들은 추측한다. 바로 에볼라 출혈열(Ebola Hemorrhagic Fever) 등 무서운 바이러스성 질환들이 이런 인간 행동과 연관된 것으로 여겨진다.

에볼라 바이러스는 침팬지나 원숭이에서 유래한 것으로도 일부 의심되지만, 대다수 학자들이 과일박쥐에서 유래했을 것으로 추측하고 있다. 과일박쥐가 지닌 바이러스는 중간숙주 동물을 거쳐 인체에 들어와 에볼라 출혈열이란 무서운 질병을 야기한 것으로 전해진다. 이 병에 걸리면 갑작스러운 발열과 함께 근육통, 두통이나 목의 통증, 설사와 구토, 피부 발진, 저혈압, 전신 무력감 등이 나타나며 온몸의 구멍이란 구멍에서 모두 피를 쏟는다. 사망률이 60%에 이르는 중증 전염성질환이다.

박쥐의 에볼라 바이러스, 중간 숙주 거쳐 인간 공격

이 질병은 1976년 자이르(현재 콩고민주공화국)에서 처음 나타나 1년 동안 자이르와 수단에서 6백여 명의 환자를 발생시켰다. 그 뒤로 1990년대 중반까지는 새로운 환자가 나타나지 않았지만 이후 2013년까지 간혹 수십 명에서 수백 명의 환자가 발생하는 등 산발적 유행을 가져왔다. 이 질환 발생이 절정을 이룬 것은 2014~2016년이다. 그 기간 동안 서아프리카의 기니, 라이베리아, 시에라리온, 나이지리아 등 4개국에서 2만 9천 명이 감염됐고, 이중 1만 1천 명이 사망했다. 영국과 미국에서도 환자가 생겨났다. 그후 2018~2019년 다시 콩고민주공화국에서 2천 501명의 환자가 발생하는 등 에볼라 바이러스의 기세가 수그러들지 않아 각국의 방역당국들이 긴장하고 있다.

부시미트와 관련된 질환은 에볼라 출혈열만이 아니다. 전 세계 많은 환자들에게 고통을 안겨주고 있는 에이즈 바이러스도 자연 숙주인 과일박쥐로부터 유래했을 것으로 보는 이들이 있다. 또 라싸열, 림프절페스트, 콜로라도진드기열 등도 부시미트로 쓰인 들쥐나 다람쥐, 호저, 청설모 등이 바이러스를 전파해 발생한 것으로 추측된다. 즉 그들 자연의 숙주 동물에 기생하던 바이러스들이 중간 숙주 동물을 거치며 변이해 인간을 공격한 것으로 간주된다. 그러므로 자연계 동물들과의 친밀한 접촉을 차단하는 것이 시급한데, 이는 부시미트에 대한 인기로 공허한 일이 될 수밖에 없다.

부시맨들이나 그들이 잡아온 동물을 다루는 시장 상인들에겐 위생 개념이 따로 없는 듯하다. 맨손으로 박쥐나 다람쥐, 구렁이, 야생 멧돼지 등을 잡아 도축하며 어떤 위생도구도 사용하지 않는다. 도축하는 과정에서 쏟아져 나온 혈액이나 장기, 분비물, 분변 등은 바이러스 온상이다. 그런데도 사람들은 이렇게 즉석에서 도축한 야생 고기가 냉동고기보다 신선하다고 생각하며 구입한다. 그 과정에서 바이러스는 암암리에 인간 사회에 퍼진다. 도축한 동물이 중간숙주일 경우 변이된 바이러스가 인간에게 달려들 수 있는 매우 위험한 상황이 된다. 에볼라 등 바이러스가 변이 과정을 거쳐 인간에게 치명타를 가한 사이클이다.

불행과 재앙의 판도라 상자 연다

원래 자연계의 동물은 동물들끼리, 그리고 사람은 사람들끼리 따로 떨어져 살아왔으면 이같은 바이러스성 질병의 비극은 일어나지 않았을 것이다. 동물과 인간의 접촉이 빈번해지는 과정에서 인간이 그들의 서식지를 파괴한 결과 자연의 반격이 시작된 것으로 보는 견해가 많다.

아프리카 원시림 지대에서는 벌목도 끊이지 않는다. 중국인들이 현지 일꾼을 시켜 고급 가구용 목재인 로즈우드 등을 대량으로 베어낸다. 일꾼들은 숲을 뒤지며 로즈우드를 찾고, 그 과정에서 원숭이와 박쥐 등을 사냥해 즉석에서 구워 먹거나 내다 팔기도 한다. 인도네시아나 아마존 열대 우림 지역에서도 대규모 벌목과 야생동물 밀렵 행위가 끊임없이 반복된다. 그 과정에서 놀란 바이러스들이 뛰쳐나오고, 종간 장벽을 넘어 인간을 공격하는 악순환이 계속된다.

바이러스성 질환이 창궐하면서 전쟁으로 죽는 사람보다 전염병으로 사망하는 인간의 숫자가 더 많아진 오늘날이다. 그럼에도 불구하고 인간은 지구촌 도처에서 불행과 재앙의 판도라 상자 여는 행위를 멈추지 않는다.

닭과 돼지 유래
인플루엔자의 공습

○

전염병 대유행과 관련해 각국의 과학자와 보건당국이 항상 긴장의 끈을 놓지 못하는 것이 또한 여러 인플루엔자들이다. 그 가운데 식탁 문제와 관련해 거론하지 않을 수 없는 것이 조류인플루엔자(Avian Influenza)와 돼지인플루엔자(Swine Influenza: 신종플루)다.

조류인플루엔자는 인간이 공장형 축산을 발달시키면서 양계농장 등에 큰 피해를 초래했고, 가금류를 넘어 사람까지 공격하면서 현대 사회에 불안의 그림자를 드리운다. 돼지인플루엔자는 엄밀히 말하면 돼지에 발생하는 독감이지만, 인간에게도 출현해 큰 피해를 입힌다. 이 둘은 가축과 사람 양쪽에 때때로 심각한 문제를 일으켜 항상 경계심을 늦출 수 없는 전염병들이다.

사람 간 전염 확산 우려되는 조류인플루엔자

역사적으로 인간이 지금처럼 닭고기를 많이 소비한 적은 없다. 동네마다 치킨 가맹점 없는 곳이 없을 정도로 브랜드 치킨이 우후죽순 생겨났으며, 전 세계 어디를 가나 닭고기를 밥이나 빵 먹듯 일상적으로 즐긴다. 달걀도 인간이 매우 많이 먹는 음식이다. 그러다 보니 사람의 식탁에 올리기 위해 도살되는 닭이 하루 수억 마리나 되고, 달걀은 그 몇 곱절에 이른다. 거의 광기 어린 닭고기, 달걀 소비문화라 할 만하다.

조류인플루엔자는 그 바이러스가 이미 1959년 스코틀랜드 학계에 보고됐을 정도로 오랫동안 닭, 오리 등 가금류를 따라다닌 질병이다. 그러다가 21세기 들어와 특히 양계산업을 흔들어 식탁의 안전성을 위협하면서 골칫거리로 대두되었다. 이 바이러스는 가금류와 조류 사이에 전염력이 높아 닭, 오리, 거위, 칠면조, 메추리, 호로호로새 등 식용 가금류와 관상조류, 야생조류 등을 모두 감염시킨다. 뿐만 아니라 드물기는 해도 쥐, 돼지, 고양이, 호랑이, 개, 말 등의 포유류와 사람에게도 전파되는 것으로 알려져 있다.

이 인플루엔자 바이러스는 변종들이 많은데, 세계동물보건기구(OIE)에 따르면 지난 2014~2016년만 해도 77개국에서 모두 13종이 발견되었다. 이들 변종은 크게 저병원성(LPAI)과 고병원성(HPAI)으로 구분된다. 저병원성은 닭에 감염돼도 증상이 없거나 낮게 나타나며, 일부 조류에서는 증상이 발현되지 않아 발견하기 어렵다. 고병원성은 심각한 증상을 보이며 가금류의 치사율을 높이는 원인이 된다.

가금류와 야생조류·사람에게도 감염

조류인플루엔자는 일단 발병하면 가금류 산업과 세계 교역에 심각한 영향을 미치는 것이 가장 큰 문제다. 대부분의 조류인플루엔자 바이러스가 사람에게는 전염되지 않지만, H_5N_1이나 H_7N_9 같은 일부 유형은 종종 양계산업을 초토화하는 데서 한 걸음 더 나아가 사람에게도 치명적인 결과를 초래해 인류는 이를 두려워 할 수밖에 없다.

H_5N_1형은 고병원성으로 1996년 중국 광둥성에서 처음 확인됐지만 당시는 거위 몇 마리가 죽는 데 그쳐 이목을 끌지 못했다. 하지만 이듬해 사람에게 큰 피해를 입힌 '홍콩 조류독감'의 원인으로 밝혀져 세계인의 주목을 받았다. 이 바이러스는 그후 2003년과 2004년에 다시 나타나 아시아로부터 유럽과 아프리카로 확산됐으며, 그후 매년 세계 곳곳에서 출현해 수억 마리의 가금류에 피해를 끼쳤다. H_7N_9 역시 여러 나라에 심각한 부정적 영향을 미쳤다. 지역사회가 심각한 혼란에 빠졌고, 양계산업뿐 아니라 전체 산업과 물류를 마비시키기도 했다. 오늘날 활동하는 전염성 강한 변종들은 이들과 함께 H_5N_2, H_5N_8, H_7N_8 등 대부분 H_5와 H_7계통이다. 이들은 앞으로 돌연변이를 통해 전염력이 더욱 강한 것으로 진화할 수 있어 세계동물보건기구가 그 발생 기전을 면밀히 관찰하고 있다.

세계보건기구에 따르면 조류인플루엔자로 인한 사람 감염은 2003~2013년 전 세계에서 643명에게 발생했으며, 이중 380명이 사망했다. 치사율이 무려 59%에 달해 얼마나 가공할 위력을 지닌 전염병인가 가늠할 수 있게 한다. 중국의 경우 2013년 한 해에만 139명에게 발생했고, 이 가운데 45명이 사망해 혼란을 겪었다.

과학자들과 각국의 보건당국은 이러한 조류인플루엔자 바이러스가 계속 변종을 만들어 사람과 사람 간에 활발히 전염하는 유형으로 진화하면 지구촌에 또 다른 재앙을 초래할 수도 있을 것으로 보고 촉각을 곤두세우고 있다.

지구촌에 또 다른 재앙 초래할 수도

조류인플루엔자 바이러스의 확산 경로는 세계화와 국제 무역, 가금류 사육과 생닭 유통, 야생 조류의 이동 등으로 지적된다. 조류는 분변과 호흡할 때 나오는 분비물 등을 통해 조류인플루엔자 바이러스를 퍼뜨리는 것으로 알려져 있다. 그러므로 닭이나 오리 등이 철새의 바이러스와 접촉하거나 사료와 음용수가 이들에 오염됐을 때 전염되기 쉬운 것으로 의심받고 있다.

이 바이러스는 차량이나 농기구 등을 통해 이 농장에서 저 농장으로 급속히 확산되는 것으로도 알려져 있다. 그래서 한 농장에서 조류인플루엔자가 발생하면 예방 차원에서 그 농장을 중심으로 반경 5~10km 내의 가금류를 모두 살처분해, 한꺼번에 수백만 마리를 구덩이에 매몰하는 비참한 상황도 종종 전개된다. 그러나 이같은 차단방역을 아무리 철저히 해도 지구촌에서 조류인플루엔자 발생은 줄어들지 않는 실정이다.

특이한 사실은 통상 야생 조류는 호흡기나 장관(腸管)에 이 바이러스를 지니고 다니지만 그로 인해 병에 걸리는 일은 별로 없다는 점이다. 일부만 죽고 대부분은 아무 일 없다는 듯이 생활한다. 이는 야생 조류가 장거리 이동하면서 이 바이러스를 옮기는 원인이 되며, 인간이 사육하는 닭이나 오리와 다른 독특한 양상이기도 하다. 양계장 닭의 경우

일단 발병하면 수일 내에 절반 가까이가 몰살하는데, 야생 조류는 전혀 다른 양상인 것은 무슨 차이인가.

여기서 우리는 오늘날의 닭들이 처한 현실을 돌아볼 필요가 있다. 요즘 닭들은 살을 잘 찌거나 알을 잘 낳는 쪽으로만 개량되다 보니 복제 닭처럼 능력이 모두 비슷한 개체들이 되고 말았다. 과거의 토종닭과 달리 유전적 다양성을 상실한 것이다. 이와 달리 야생 조류는 유전적으로 오만 가지 상이한 특징을 지니고 있다. 게다가 양계장 닭들은 좁은 사육 공간에서 운동도 제대로 하지 못해 면역력이 낮은 반면, 자연계의 조류들은 자유로이 날아다니며 운동을 해 매우 건강한 편이다. 그렇기 때문에 전염력이 강력한 조류인플루엔자 바이러스가 침투하면 양계장 닭들은 몰살하지만, 야생 조류들은 일부 개체만 죽고 대부분은 생존에 지장을 받지 않고 건강할 수 있는 것은 아닌가 하는 의문을 갖지 않을 수 없다.

공장형 축산에 대한 전면적 반성 뒤따라야

사람이 조류인플루엔자에 걸리는 일반적인 경로는 감염된 닭 등과 가까이 접촉할 경우다. 이때 주로 결막염이나 가벼운 호흡기질환을 보이는데, 경우에 따라서는 중증 폐렴이나 호흡곤란 등의 증세를 보이다가 사망에 이르기도 한다. 이렇게 중증질환을 일으킬 만큼 강력한 조류인플루엔자가 새로 나타나 사람 간 전염을 확산시키는 공포의 상황은 연출되지 말아야 할 것이다. 그러기 위해서는 닭을 비위생적 환경에서 다루는 일과 공장형 축산에 대한 전면적인 반성이 뒤따라야 할 것인데, 현재로서는 그렇게 될 가능성이 거의 없어 보인다.

가금육과 달걀에 대한 인간의 욕망이 잠재워지지 않는 한 광기 어린 식탁과 그로 인한 인체와 가금류 산업의 부작용이 수그러들 기미는 보이지 않을 것 같다.

조류인플루엔자의 공격은 가금류에 대한 백신 접종으로도 막을 수 없다. 닭이나 오리 등에게 백신을 접종하더라도 이 질병은 종종 고질적인 풍토병으로 남게 된다. 그러므로 이 질병은 두고두고 인류의 골칫거리로 남을 가능성도 있다.

치명률 올라가면 재앙, 돼지인플루엔자

2009년 봄, 과학자들은 H_1N_1이라는 인플루엔자 바이러스의 한 특이한 변종을 새로 확인했다. 발열과 구토 등을 일으킨 미국 캘리포니아주의 한 어린이 환자로부터. 이 신종 바이러스는 돼지와 조류 및 인간으로부터 유래한 바이러스들이 결합돼 생겨난 것이다.

본래 돼지는 바이러스 믹싱(mixing) 공장이다. 사람과 흡사한 돼지의 호흡기 점막 세포에는 돼지, 조류 및 인간 바이러스가 공존한다. 이들 바이러스끼리 유전자를 교환해 유전자 재조합 형태로 새로운 유형의 바이러스가 탄생한다. 이 때문에 인플루엔자 전문가들은 신종 팬데믹 바이러스가 출현한다면 그 원천은 돼지가 될 것이라 내다봤고, 그 예상은 적중했다.

이렇게 등장한 H_1N_1은 2009~2010년 독감 유행기에 인간 사회에 돼지인플루엔자로 불리는 호흡기 질병을 만연시켰다. 우선 멕시코에서 2009년 봄 이 인플루엔자로 인해 많은 사망자가 발생하면서 멕시코시티는 유령 도시처럼 변했다. 바이러스가 환자의 기침과 재채기 등을 통해 방출돼 다른 사람을 전염시키므로 학교들이 일제히 문을 닫았고, 시민들은 바깥출입을 삼간 채 두려움에 떨었다. 가톨릭 주일미사 등의 공공행사가 대부분 취소됐으며, 이미 예정됐던 결혼식 행사도 미뤄졌다. 평소 사람들로 붐비던 영화관, 대형 할인매장 등이 텅텅 비었고, 10만 명을 수용할 수 있는 한 스타디움에서는 관중석이 텅 빈 채 축구경기가 치러지기도 했다. 평소 멕시코시티의 소음공해는 많은 자동차들로 인해 시끄러운 록 콘서트장처럼 심각하다고 한다. 그런데 돼지인플루엔자가 만연한 기간에는 인적이 뚝 끊겨 새 우는 소리가 자세히 들릴 정도였다고 한다.

이집트 정부, 모든 돼지 도살 명령

돼지인플루엔자는 유럽연합과, 동남아시아 각국, 아프리카, 서태평양 지역, 동지중해 지역 등으로도 확산됐다. 여행업과 숙박업이 타격을 입었고, 각국의 돼지고기 식당들이 매출 격감으로 문을 닫았다. 러시아와 중국 등이 질병이 만연한 국가로부터 돼지고기 수입을 금지했으며, 돼지고기가 15억 인구의 필수 식품인 중국은 이로 인해 긴장 상태에 빠졌다. 심지어 이집트 정부는 이 인플루엔자 예방을 위해 자국 내 모든 돼지를 도살하도록 명령하는 해괴한 일도 발생했다. 당시 세계적으로 매우 많은 사람들이 이 병에 감염돼 세계보건기구는 결국 글로벌 팬데믹을 선언하기에 이르렀다.

세계보건기구 공식 집계에 따르면 당시 전 세계 214개국에서 이 병에 감염돼 모두 1만 8,449명이 사망했다고 한다. 그러나 실제 사망자는 이보다 10배 이상 많을 것이란 언론 보도가 무성했다. 우리나라는 그

당시 76만 3,761명의 확진자가 보고됐으며 이중 263명이 사망했다. 이로 인해 일반 시민들은 지하철 등 대중교통을 이용하거나 아파트 엘리베이터를 오르내리다가 환자가 토해낸 비말(飛沫)에 감염되는 것은 아닌가 해 불안감을 감추지 못했다.

돼지라는 가축으로부터 유래한 바이러스가 초래한 대가가 이 정도라면 이는 심각한 문제다. 여기서 우리는 왜 돼지를 사육해 이런 곤경에 처해야 하나 하는 의문에 봉착하게 된다. 이는 결국 식탁의 문제 및 공장형 축산에 대한 고려와 맞물려 인류의 머릿속을 복잡하게 만든다.

세계보건기구는 2010년 8월 팬데믹 종료를 알렸지만 그렇다고 해서 어지러운 상황이 완전히 끝난 것은 아니었다. 그후 과학자들은 당초 H₁N₁으로 명명했던 이 바이러스의 이름을 H₁N₁v로 바꿨다. 'v'란 알파벳은 '변종'을 의미하며, 보통은 동물들에게 존재하지만 인간에게서도 발견돼 왔음을 함축한다.

2011년 이후 또 다른 변종, H₁N₁v가 사람 사이에 돌아다니다가 인플루엔자를 일으켰다. 2015년 인도에서 3만 1,156명이 양성반응을 보여 이 가운데 1,841명이 사망했다. 같은 해 네팔에서도 이 전염병으로 26명의 확진자가 나왔다. 이어 2016년 파키스탄에서 7명의 확진자가 나왔으며, 2017년 몰디브공화국에서는 1백명 이상의 확진자가 발생해 이중 6명이 사망했다. 그 뒤로도 돼지인플루엔자는 계절 독감 형태로 자리 잡아 인류를 곤경에 몰아넣고 있다.

두 변종 바이러스로 인한 돼지인플루엔자의 증상들은 유사하다. 발열, 오한, 기침, 인후통, 콧물 또는 코막힘, 눈물 또는 안구 충혈, 몸살, 두통, 피로, 설사, 구역질과 구토 등이다. 이러한 인플루엔자 증상은 바이러스에 노출된 뒤 1~3일 사이에 발현된다.

이 질병은 대유행으로 많은 사망자를 발생시켰지만 치사율은 계절성 독감과 유사하거나 그보다 낮은 것으로 의학계는 판단하고 있다. 전염력이 높아 단번에 많은 사람들을 감염시킬 수 있지만 치사율이 낮은 것은 상대적으로 걱정을 덜어주는 요인이다. 이는 치사율이 매우 높지만 사람 간 전염을 거의 일으키지 않는 조류인플루엔자와 서로 상반된 특징을 보인다.

따라서 대체로 건강한 사람은 돼지인플루엔자로 인해 발열이나 기침, 몸살 등이 있어도 크게 걱정할 필요가 없다. 증상이 심해졌거나 임신한 상태일 때, 혹은 천식, 폐기종, 당뇨, 심장병 등의 기저 질환이 있는 경우는 병원을 찾아가야 한다. 만성질환자는 기존 질환이 악화하거나 폐렴, 각종 신경증상, 호흡부전 등의 합병증이 발생할 수 있어 주의를 요한다.

인류 사회, 돼지인플루엔자 쓰나미로 침몰할 수도

사람들은 돼지인플루엔자에 감염된 환자가 많은 나라나 장소에 가면 바이러스에 노출될 수 있으므로 주의해야 한다. 돼지 농장주와 수의사들은 실제로 돼지 가까이에서 양돈 관련 일을 하는 사람들이므로 이 인플루엔자에 노출될 위험성이 가장 높다. 도시에서는 어딘가에 잠복해 있는 신종 바이러스가, 그리고 농촌에서는 돼지를 들락거리는 바이러스들이 사람들을 호시탐탐 노린다. 인간을 숙주 삼아 생존하는 그들에게서 경계심을 거두지 말아야 한다.

오늘날 양돈농장은 대부분 기업 형태로 운영된다. 돼지는 좁은 축사에서 운동을 제대로 못하고 살코기와 비계만 불려 면역력이 떨어진다.

이같은 면역력 저하는 각종 질병 발생의 원인이 된다. 또한 양돈 농장에서는 질병 예방과 치료를 위해 항생제를 많이 사용한다. 이같은 사육 관행이 신종 바이러스를 탄생시키고 전염력을 높일 수 있다. 그 결과 사람과 사람 사이 전염이 활발해질 수 있다. 그러므로 오늘날 신종 바이러스로 인한 팬데믹은 인간이 자초한 것이라고 할 수 있다.

돼지인플루엔자와 관련해 더욱 걱정스러운 것은 앞으로 높은 치사율을 나타내는 변종이 출현하지 않을까 하는 것이다. 사람 간 전파력이 약한 조류인플루엔자에서는 전염성 강한 바이러스 출현이 우려되지만, 돼지인플루엔자에서는 이처럼 사람에게 중증 증상을 초래하는 것이 등장하지 않을까 걱정이다. 만일 그런 일이 현실화한다면 인류 사회는 돼지인플루엔자 쓰나미로 침몰할지도 모른다. 우리가 돼지 유래 바이러스를 경계해야 하는 이유다.

구제역과 아프리카 돼지열병의 참극

○

조류인플루엔자나 돼지인플루엔자와 달리 구제역(Foot and Mouth Disease)은 인수공통전염병이 아니다. 감염된 가축과 접촉해도 사람에게는 전파되지 않는다. 아프리카돼지열병(African Swine Fever)도 마찬가지다. 그런 점에서 이 두 감염병은 사람에 대한 공중보건학적 걱정은 하지 않아도 된다. 그러나 이들은 소, 돼지 등의 건강에 부정적 영향을 크게 미쳐 밥상의 근간을 흔든다는 점에서 우려하지 않을 수 없다.

피비린내 나는 살처분 추억, 구제역

대부분의 한국인들은 구제역으로 인한, 피비린내 나는 살처분의 추억을 가지고 있다. 2010년 11월~2011년 4월까지 145일에 걸쳐 남한 땅에서 벌어진 일이다. 당시 무려 353만여 마리에 이르는 소, 젖소, 돼지들이 구제역 감염으로 매몰 처분되는 비극이 발생했다. 이들은 당시 남한에서 키우고 있던 소, 돼지의 무려 25%에 해당하는 숫자다.

날마다 여기저기서 살아 있는 가축들을 구덩이에 밀어 넣고 파묻는 끔찍한 사건이 TV와 신문 등을 통해 전해지면서 사람들은 충격에 빠졌다. 가축들은 구덩이에서 죽지 않으려고 발버둥쳤고, 방역관들은 눈을 질끈 감고 트랙터 등을 동원해 흙을 쏟아 부었다. 심지어 어느 한 매몰지에서는 기다랗게 파놓은 구덩이에 무려 4천여 마리에 이르는 비육돈을 생매장하는 공포의 사건도 벌어졌다. 돼지들은 아비규환의 지옥 속에 죽어가면서 아마 인간을 악마처럼 여겼을 것 같다. 전국적으로 5천 곳에 육박하는 매몰지에서 이 같은 만행이 저질러졌다.

이는 짧은 기간에 남한 땅을 온통 소, 돼지들의 공동묘지로 만든 사건이다. 가축 매몰 처리와 농가 보상에 들어간 국가 예산만 해도 3조 원에 이른다. 구제역과 관련해 세계적으로 유례를 찾아보기 힘든 생매장 사건이다. 그 뒤 소, 돼지에 일제히 백신을 접종하면서 구제역은 수그러졌지만, 거의 매년 산발적으로 나타나 방역당국을 긴장시키며 혼란을 야기하고 있다.

일부 지역은 매몰지에서 유출된 침출수가 인근 지하수와 토양을 오염시켜 주민들이 불안해 하기도 한다. 마을 부근의 매몰지는 밤마다 소, 돼지의 유령들이 나타나 핏빛 절규를 계속하는 것 같다고 이야기하는 사람들도 있다. 이 전대미문의 사건이 앞으로 어떤 환경 문제를 일으켜 한국인에게 부메랑으로 돌아올지 알 수 없는 일이다.

세계 가축의 77%에서 순환

구제역은 국경을 넘나드는 가축 질병으로, 이렇듯 축산업에 막대한 영향을 미치고 지역 간, 국가 간 가축 및 축산물 거래에 지장을 준다. 이 질병은 우리나라뿐 아니라 다른 아시아 국가들과 남미, 아프리카 및 중동 지역에서 세계 가축의 77%에서 순환하는 것으로 추정된다. 아직 구제역이 발생하지 않은 국가들도 계속되는 발생 위협으로 긴장하고 있다. 전염력이 매우 높아, 의심되는 농장의 가축은 거의 100% 이 질병을 드러낸다.

이 질병은 소, 돼지를 비롯해 양, 염소, 사슴 등 발굽이 갈라진 모든 반추동물에서 나타난다. 전통 방식으로 가축을 기르는 지역은 발생이 드물지만, 공장식 축산을 하는 곳은 밀식(密植) 사육 과정에서 건강한 가축들이 환축(患畜)과 접촉해 질병에 걸리기 쉽다.

증상은 겉으로 드러나지 않거나 가벼운 상태에서부터 심각한 상태에 이르기까지 다양하다. 양이나 염소보다 소나 밀식 사육하는 돼지에서 더 심한 증상이 발현된다. 코, 혀, 입술 등에 물집이 생기는 게 가장 전형적인 증상이다. 구강 안쪽이나 발가락 사이, 발굽 위쪽, 젖꼭지, 피부 압통점 등에도 물집이 생긴다. 물집이 파열되면 심각한 보행 장애를 나타낼 수 있고, 움직이거나 사료 섭취를 꺼릴 수 있다. 물집은 보통 7일 정도 지나면 치유되지만, 물집 파열로 인한 2차 박테리아 감염증 같은 합병증이 나타날 수도 있다.

또 다른 증상은 발열, 의욕 저하, 과다한 침 흘림, 식욕 부진, 체중 감소, 성장 지체, 산유량 감소 등이다. 이들 증상은 질병이 치유돼도 후에 다시 나타날 수 있다. 만성적으로 진행된 구제역은 가축의 산유량을 80%나 떨어트린다. 어미의 감염으로 인해 어린 송아지, 어린 양, 새끼돼지 등의 건강이 위태로워져 악순환이 반복될 수 있다. 다 자란 가축은 치사율이 1~5%에 머물지만 새끼는 20%에 달한다. 농장주는 전체 가축의 감염으로 인해 회복하기 어려운 경제적 손실을 입게 된다.

공장형 밀식 사육, 가축 호흡기 건강에 부정적

구제역을 유발하는 생물은 피코르나 바이러스과의 아프타 바이러스다. 이는 7개의 변종들이 세계 여러 나라에 토착화한 상태로 분포한다. 이들 바이러스는 감염된 모든 가축의 배설물과 분비물에서 관찰된다. 이들 가축은 숨 쉴 때 에어로졸 형태의 바이러스들을 다량 내뿜는데, 이들이 호흡기나 구강을 통해 들어가 다른 가축을 감염시킨다. 잘 모르는 상태에서 감염된 가축을 농장에 들이면 치명타를 입게 된다. 바이러스에 오염된 축사, 차량, 건초, 사료, 물, 우유, 의류, 신발, 농기구, 육류, 바이러스를 포함하고 있는 에어로졸 등이 이 질병의 감염 경로다. 바이러스는 감염 가축이 증세를 나타내기 전에 우유나 정액 속에서 4일까지 생존한다고 한다.

이 질병을 퇴치하기 위해 대부분의 나라에서는 살처분 정책을 우선시한다. 감염된 농장의 소, 돼지를 전부 매몰처리하고 예방적 차원에서 그 농장으로부터 반경 3km 안에 있는 모든 우제류 가축을 함께 매몰한다. 이 때문에 2010~2011년 당시 구제역 발생으로 가축을 대규모 생매장하는 사건이 벌어진 것이다. 선진국에서도 매몰 처리하는 경우들이 있었지만 사태가 우리처럼 심각하지는 않았다. 이는 우리나라의 공장형 밀식 사육 시스템이 그만큼 가축들의 호흡기 건강에 부정적이란 반증이기도 하다.

방역 당국은 아무리 매몰처리를 해도 감염축이 잇달아 나오자 방역 방침을 전환하게 되었다. 살처분에서 백신 접종으로 바꾼 것이다. 백신 접종은 구제역 사태를 진정시키기는 했지만 또 다른 문제를 낳았다. 해외에 한국은 구제역이 언제든지 발생할 수 있는 불안한 나라란 인식을 심어준 것이다. 가축들이 질병으로부터 벗어나 청정하다는 인식은 육류 수출을 비롯해 관광산업에도 긍정적 영향을 미친다. 우리는 고육지책으로 급한 불을 끄기는 했지만 그 못지않게 상실한 것도 크다. 이에 따라 정부는 구제역 청정국 지위를 되찾으려고 노력하고 있지만 일이 뜻대로 잘 풀리지 않는다. 살벌한 공장형 축산에 대한 패러다임을 근본적으로 바꾸지 않는 한 이 문제를 해결한다는 것은 사실상 불가능하다.

무더기 생매장의 비극, 아프리카돼지열병

구제역은 그래도 백신 접종으로 불을 진화할 수 있지만, 아프리카돼지열병은 그마저도 불가능해 축산 농가를 초긴장 상태에 몰아넣는다. 이 질병의 만연으로 돼지 숫자가 급감하면서 각국에서 돼지고기값이 치솟아 소비자들이 당황하는 일도 자주 발생한다.

이 질병은 2016년부터 본격적으로 나타나기 시작해 유럽연합과 아프리카, 아시아 등의 53개국을 휩쓸고 있다. 중국은 2018년 이 질병이 최초 발생한 이후 그동안 무려 1억 3천만 마리를 매몰하는 등 심각한 상황에 내몰렸고, 공급 부족으로 돼지고기 값이 급등하며 밥상 물가를 위협했다. 국가정보원에 따르면 북한은 아프리카돼지열병으로 평안북도의 돼지가 전멸했으며, 북한 전 지역에 이 질병이 확산된 징후가 보인다고 한다.

우리나라는 2019년 9월 경기도 파주시 양돈농장에서 처음 이 질병이 확인된 이래 경기도내 여러 지역에서 잇따라 발생했다. 비무장지대의 멧돼지가 넘어와 양돈농장의 돼지들을 감염시킨 것으로 판단돼, 정부와 지자체간 협력으로 218km에 이르는 광역 철제 울타리를 경기도 파주에서 강원도 고성까지 길게 설치하기까지 했다. 이는 흉노족이 아닌, 야생의 동물 침략군을 방어하기 위한 현대판 만리장성이다. 그럼에도 불구하고 멧돼지들은 울타리의 벌어진 공간을 통해 내려와 끊임없이 양돈농장을 위협하고 있다.

동물 만리장성, 가축 방역 울타리도 설치

아프리카돼지열병은 이처럼 야생 멧돼지나 이미 감염된 돼지와의 접촉에 의해서, 혹은 감염 돼지의 침이나 분변, 분비물 등을 통해 전파된다. 또 돼지가 바이러스에 감염된 돼지고기나 그 가공품이 포함된 음식물 찌꺼기를 먹었을 경우도 감염될 우려가 있다. 농장을 드나드는 차량이나 신발, 의류, 농기구 등도 전염 매개체가 될 수 있다.

증상은 급성의 경우 40~42℃의 고열과 무기력감, 기립 불능, 식욕부진 및 거식증, 피부 출혈, 유산, 청색증, 구토, 설사 등을 보이며 해당 돼지는 1~2주 안에 폐사한다. 우리나라는 돼지가 대부분 이런 급성 증세를 보여 농가와 방역당국을 상당히 긴장시키고 있다. 아급성 및 만성은 증상이 급성보다 약한 대신 더 오래 가고 치사율도 30~70%를 나타내 역시 긴장하지 않을 수 없게 만든다.

방역당국은 이 감염병이 전염성이 매우 강한 데다 현재로서는 치료

제나 백신도 없어 전국으로 확산될 경우 약 4백만 마리의 돼지에 피해를 줄 것으로 전망하고 있다. 이에 따른 예상 피해액은 4조 원 규모다. 이같은 재앙을 막기 위해 당국은 질병 발생이 확인되는 대로 즉시 살처분하는 정책을 가동하고 있다. 살처분할 때는 감염농장의 모든 돼지와 함께 반경 3km 내에 위치한 다른 농장의 돼지들도 모두 매몰 처분한다. 2019년 발생 이래 2020년 2월까지 50만 마리에 가까운 돼지가 생매장돼 구제역에 이어 또 하나의 비극을 연출했다.

배불리 먹으려 하는 인간 욕심이 화의 근원

그렇다면 언제까지 이처럼 산 동물을 대규모로 파묻어 죽이는 참극을 되풀이할 것인가. 우리는 이런 의문을 스스로에게 던지지 않을 수 없다.

인간은 모든 동물의 최상위 포식자 위치에 있어 하위 포식자들을 식품으로 섭취할 권리를 함께 부여받은 것만큼은 사실이다. 그렇지만 오늘날처럼 질병이 발생하면 쓰레기 처리하듯 가축을 대량으로 땅에 묻어 죽이는 행위는 문제가 있다고 하지 않을 수 없다.

일부 선진국들은 이러한 잘못된 관행을 되돌아보고 일찍이 동물복지 정책을 펼쳐 구제역 등 전염성 질환을 예방하는 데 상당히 성공했다. 그러나 개발도상국들은 아직까지 생산성 증대 논리에 매몰돼 동물복지에 거의 관심이 없다. 우리나라는 선진국 대열에 합류했음에도 불구하고 이에 관심이 부족하다.

전염병은 그 원인이 다양하지만 공장형 밀식 사육이 주요 원인 가운데 하나다. 그런데도 이를 반성하지 않는다면 그 다음에는 자연의 반격이 가해질 수밖에 없다.

구제역이나 아프리카돼지열병 등으로 인한 혼란은 이미 그러한 반격의 모습으로 우리에게 나타난 것일 수도 있다. 근본적으로 고기를 너무 많이 생산해 날마다 배불리 먹으려 하는 인간의 욕심이 화의 근원이 된 것은 아닐까 싶다.

비만, 아이가 부모보다 먼저 죽는다고?

○

지구가 무거워지고 있다. 인구가 계속 느는 탓이다. 세계 인구는 기원전 500년 1억 명에서 1804년 10억, 2011년 70억 명까지 증가했으며, 2020년 현재 78억 명을 기록하고 있다. 유엔의 '2019 세계 인구 전망'에 따르면 이 추세가 지속될 경우 2100년 109억 명까지 늘어날 것으로 예상된다. 폭발적 증가세다. 이에 더해 우려되는 것은 비만 인구 증가다.

세계보건기구에 따르면 2016년 현재 18세 이상 성인 중 19억 명(전체의 39%)이 과체중이며, 그중 6억 5천 만 명(13%)은 비만이다. 비만 인구는 1975~2016년에 3배나 폭증했다. 최근에도 인구 증가 및 에너지 밀도 높은 음식 섭취와 맞물려 비만 인구는 매년 늘어나는 양상이다.

21세기 공중보건의 최대 적

비만 인구 증가세는 지구촌에 심각한 공중보건학적 우려를 낳는다. 글로벌 질병 부담을 가중시키기 때문이다. 비만은 그 자체로도 중대한 질병이지만 심장병 등 다양한 합병증을 유발해, 사회적으로 엄청난 보건비용을 발생시키고 당사자의 기대수명도 낮춘다. 그런 점에서 21세기 공중보건의 최대 적으로 인식되고 있다.

선진국들이 비만 문제로 골머리를 앓은 것은 어제 오늘 일이 아니다. 일찍이 국내총생산(GDP)이 상승하고 식품 공급량이 풍족해지면서 필연적으로 사람들의 체중이 과도하게 증가하기 시작했다. 오늘날 런던이나 뉴욕, 파리, 프랑크푸르트 등 선진국 대도시의 거리들은 비만 환자들의 박람회장처럼 된 지 오래다. 허리에 자동차 타이어를 두른 듯한 사람, 허벅지가 일반인의 몸통보다 굵은 사람, 엉덩이와 가슴이 작은 산처럼 솟은 여성 등 고도 비만인 이들이 넘쳐난다.

언젠가 각종 언론매체에 소개된, 미국 초고도 비만 환자의 사연은 어이가 없어 벌린 입을 잘 다물지 못하게 한다. 그 여성 환자는 어느 날부턴가 급격히 살이 찌기 시작해 걷지 못하고 주로 침대에 누워 지내야 했다. 그 뒤로도 체중은 계속 불어나 무려 3백kg를 넘어섰다. 그녀는 그러다가 응급 상황이 발생해 병원에 가야 했다. 가족은 그녀의 체중을 감당할 수 없어 응급 구조대를 불렀다. 구조대의 도움으로 방문을 나서려 하는데, 몸집이 방문 크기보다 더 커서 빠져 나올 수 없었다. 구조대원들은 결국 창문 옆의 벽을 부수고 환자를 이송해야 했다.

이 사례가 아니더라도 지구촌에서는 비만으로 인한 사건들이 연일 전해진다. 언젠가 언론에 보도된, 고도 비만 초등학생의 사연도 그중 하나다. 그 어린이는 비만으로 인한 당뇨 및 심장병 등의 합병증으로 사망했다. 영국에서는 이 아이처럼 부모보다 먼저 죽는 아이들이 간혹 생겨났다. 그러자 영국 정부는 당황하기 시작했다. 2007년 영국 정부가 발간한 '예측 프로그램 보고서'는 현재 추세대로라면 2050년에 초등학생의 절반이 비만이 될 것으로 전망했다. 이 보고서는 2050년까지 비만 관련 지출이 7배로 증가해 국립의료원의 대응이 무력해질 수 있다고도 지적했다. 또 선제 조치가 과감하게 단행되지 않으면 '부모보다 먼저 세상을 뜨는 아이들'이 속출할 것이라는 영국 하원 보건위원회의 경고도 상기시켰다.

비만은 부유층만의 문제도, 선진국만의 문제도 아니다. 가난한 계층에도 심각한 문제로 불거지고 있으며, 개발도상국들에도 건강상 깊은 우려를 초래하고 있다.

비만 환자 많은 뉴욕 할렘가의 역설

뉴욕 할렘가는 가난한 흑인들이 몰려 사는 곳이다. 그곳에서는 두셋 중 한 명이 비만으로 비칠 정도로 뚱뚱한 사람들이 많다. 패스트푸드나 정크푸드 등을 연일 먹는 식습관이 그들의 비만을 부추긴다. 그들은 주머니 사정이 여의치 않아 그렇게 값싼 음식에 의존해 살아야 한다. 탄수화물과 지방에 편중되고 다양한 영양가가 부족한 이 음식은 비만을 초래하고 건강을 무너뜨리는 주범 역할을 한다. 건강이 악화된 그들은 살을 빼기 위해 식료품비보다 더 큰 돈을 들여 헬쓰장을 찾아야 한다. 이런 모순된 생활을 다람쥐 쳇바퀴 돌리듯 계속해야 하는 것은 이 시대 선진국 서민과 빈민들의 비극이다.

개발도상국들의 상황도 이와 비슷하다. 오늘날 동아시아 공업국들의 대도시는 역시 비만 인구가 크게 늘고 있다. 경제 성장으로 음식물 공급량이 크게 늘어난 것이 주원인이다. 예를 들어 태국이나 중국은 30~40년 전만 해도 빈곤국인 미얀마나 라오스처럼 비만으로부터 자유로웠지만, 지금은 사정이 다르다. 이들 나라는 한편으로는 전염성질환과 영양결핍 문제로 고심하고 있지만, 다른 한편으로는 비만과 과체중 문제로 이중의 질병 부담에 직면해 있다.

비만의 주요 원인은 음식물 과잉 섭취와 활동 부족이다. 특히 생산성 증가로 농수축산물이 넘쳐나고 가공기술 발달로 에너지 밀도 높은 식품 생산이 확대되면서 이것이 필연적으로 체중 증가로 귀결됐다.

고열량 저영양 음식이 문제

음식물 가운데 특히 문제가 되는 것은 고열량, 저영양(high calory, low nutrients) 음식이다. 탄수화물 중심의 음식, 기름에 튀긴 것들, 설탕이나 소금 함유 가공식품 등 열량 많고 영양가는 적은 음식들이 현대인의 식탁을 점령했다. 패스트푸드와 정크푸드는 고열량, 저영양 음식의 대명사이다. 오늘날 서구인들과 개발도상국 주민들에게 햄버거나 프라이드치킨, 프라이드포테이토칩, 베이컨 등은 거의 일상적으로 먹는 음식이 됐다. 편의점의 과자와 탄산음료들도 마찬가지다. 맥도날드, 버거킹 등 메이저 식품회사와 홈플러스 등 메이저 유통업체들은 이같은 음식들을 세계화한 일등공신들이다. 이들 음식은 신자유주의 물결에 따른 자유무역협정 체결 증가로 지구인의 비만을 늘리는 데 크게 기여했다.

이와 달리 비타민과 미네랄 등이 다양하게 함유된 고영양, 저열량

(high nutrients, low calory) 음식들은 뒷전으로 밀렸다. 이들 음식들도 뒤늦게 슬로푸드나 로컬푸드 운동 등을 통해 사람들의 식탁으로 파고 들었지만, 아직 그 기세가 약하다. 일부 지역에서 건강을 염려하는 소수의 사람들을 중심으로 제한적으로 이용되고 있을 뿐이다.

쌀밥에 채소 반찬 몇 가지 등으로 차리는 소박한 식탁은 결코 체중 증가를 초래할 수 없다. 매일 이런 밥상을 대하는 라오스, 캄보디아, 베트남 등의 농촌 주민들이 대부분 호리호리한 몸매를 유지하는 것을 보더라도 이를 쉽게 알 수 있다. 통곡물 잡곡밥과 산나물 등을 위주로 한 거친 식사를 하는 이들도 비만으로부터 자유롭다. 다양한 영양성분을 취할 수 있고 열량은 낮아 활력이 넘치며 건강하다.

건강의 시한폭탄 돼가는 지구촌 유행병

그런데 요즘은 같은 쌀밥인데도 심하게 도정해 무기물을 거의 날려버린 쌀로 지은 밥을 일상적으로 많이 먹어 문제다. 빵과 국수도 그렇다. 겉 부분을 깎아낸 밀을 가루화하고 이것으로 빵, 국수를 만들어 많이 먹으니 무기물과 비타민 등을 날려버리고 탄수화물 위주로 지나치게 섭취하는 꼴이 된다. 거기에다가 또 설탕을 섞는다. 빵이든 떡이든 설탕 들어가지 않은 것들이 없다. 과일도 당도가 지나치게 향상돼 설탕을 먹는 것과 진배없다. 게다가 웬만한 것은 기름에 튀겨 먹는다. 비만증 환자가 크게 증가할 수밖에 없는 식생활 구조다.

사람들은 살을 빼려고 다이어트에 열중한다. 이로 인해 온갖 다이어트 식품과 살 빼는 데 도움 주는 약들이 시중에 넘쳐난다. 첨단기술이라며 복부나 허벅지 지방을 빼주는 지방흡입술로 환자들을 유혹하는 병·의원들도 성업 중이다. 헬쓰장과 요가센터마다 운동으로 적정 체중을 유지하려는 이들로 만원이다. 하지만 아무리 이렇게 노력해도 비만증 환자 증가세는 꺾이지 않으니 아이러니컬하다. 밥상에서 혼돈이 거둬지지 않으니 백약이 무효일 수밖에 없다.

이제 비만은 지구촌에서 하나의 큰 유행병으로 굳어져 건강의 시한폭탄이 돼가는 듯하다.

루비콘강 건넌
비전염성질환

○

비전염성질환 발생 양상이 심상치 않다. 바이러스나 세균 등에 의해 발생하는 전염성질환을 제외한 모든 것이 비전염성질환이다. 암, 심혈관계질환, 당뇨병, 만성호흡기질환, 아토피 피부염 등이 대표적인 비전염성질환들이다. 이들은 잘못된 식생활이 원인인 경우가 많다. 이들 질환의 증가세가 비만증 환자 증가 등과 맞물려 잘 통제되지 않는 현실이다.

세계보건기구의 '2018년 세계 건강 통계'에 따르면 매년 비전염성질환으로 인한 지구촌 사망자는 4,100만 명 정도이며, 이는 전염성질환을 포함한 전체 사망자의 71%에 이른다. 이같은 비율은 지난 2001년의 60%에 비해 크게 높아진 것으로, 글로벌 질병 부담이 점점 전염병에서 비전염성질환으로 옮겨 가는 추세임을 말해준다.

비전염성질환은 잘 먹고 잘 사는 선진국 국민들에게만 심각한 것이 아니다. 개발도상국들도 식생활이 서구화하면서 갈수록 증가해 보건당국들이 골머리를 앓고 있다.

과학기술 발달로 생산성 높은 농작물과 가축 신품종들이 잇따라 개발되고 가공, 저장 및 유통 기술이 향상되면서 21세기 인간은 역사상 보기 드물게 풍요로운 식탁을 맞이하고 있다. 그러나 그 이면에는 부정적 현상들도 눈에 많이 띈다. 고열량, 저영양 식습관에 따른 영양 불균형이나, 안전성이 담보되지 않는 가공식품의 섭취 증대 등이 그 예이다. 특히 설탕, 지방 및 소금 함량이 많아 열량은 높지만 영양가는 부족한 식품의 섭취 증대가 비전염성질환 증가와 크게 맞물려 있다.

이런 위험을 완화하기 위해 우리나라를 비롯한 각국의 보건당국과 세계보건기구 등은 채소 등 신선 농산물 소비를 늘리고 설탕, 지방, 소금 등이 많이 들어간 고에너지 식품의 소비를 줄일 것을 꾸준히 강조해 왔다. 그런데도 어찌된 영문인지 주요 비전염성질환 확산 기세는 꺾일 줄 모른다. 현대인의 잘못된 식습관은 돌아올 수 없는 루비콘 강을 건넌 듯하다.

암

암의 원인은 매우 다양하다. 대표적인 원인으로는 유전, 스트레스 등과 함께 흡연, 세균, 방사선, 잘못된 음식 등이 꼽힌다. 스트레스는 암을 유발하는 심리 요인으로서 눈에 보이지 않는 맹수와 같다. 맹수가 덮치면 사람들은 놀라 동공이 벌어지고, 심장이 뛰며, 숨을 헐떡거린다. 이는 위험을 회피하기 위한 신체의 자동 반응이다. 그러다가 맹수가 사라지면 안정을 되찾는다. 현대판 맹수인 스트레스는 한번만 덮치는 게 아니다. 연일 계속해서 덮치니 안정을 되찾기 전에 계속해서 맹수의 공격을 받는 것과 유사하다. 당사자는 맹수의 연이은 공격에 무너지고 만다. 암이 발생하는 기전이다.

이와 달리 물질적 위험 요인은 일상적으로 아무런 공격적 느낌 없이 신체를 저해한다. 담배와 음식물이 바로 그렇다. 특히 음식물은 물질적 요인 가운데 담배에 이어 두 번째로 위험한 암 유발 요인으로 지적된다. 우리나라의 경우 암을 초래하는 요인 중 음식의 비중이 41%에 달한다는 보도도 나왔다. 서구 국가들에서는 음식물이 암 유발 요인의 30% 정도를 차지하는 것으로 세계보건기구는 판단하고 있다.

세계보건기구에 따르면 암이 원인인 지구촌 사망자는 연간 9백만 명 정도다. 매년 신규로 1천만 명 정도 암환자가 생겨나고 있으며, 2천만 명 정도가 암으로 투병하고 있다. 오늘날 의학기술이 진보를 거듭하면서 상당 부분 정복되고는 있지만, 아직까지 암은 인류에게 공포의 대상인 것이 확실하다.

암의 공포를 겪지 않는 가장 지혜로운 방법은 일상생활에서 예방을 실천하는 것이다. 실제 암으로 인한 사망의 30% 이상은 예방 가능하다는 것이 세계보건기구와 세계암연구기금(WCRF), 미국암연구소(AICR) 등의 판단이다. 이들은 식습관이나 흡연, 운동 같은 라이프 스타일 변화가 유전적 요인보다 암 예방에 더 큰 역할을 한다고 보고 있다. 특히 식습관과 관련해서는 이들 기관이 잇따라 내놓는 보고서들의 권장사항이 설득력을 갖는다.

이들 보고서는 한결같이 암 예방을 위해 겉 부분을 깎지 않은 통곡물과 함께 신선 채소와 과일, 꼬투리째 먹는 채두(beans)나 대두, 콩나물

같은 싹콩류(pulses) 등을 즐겨 먹을 것을 강조한다. 채소로는 살균력과 염증 제거 능력 등이 뛰어난 마늘과 함께 짙은 녹색의 엽채류, 배추과 채소 등, 과일로는 토마토와 포도 등의 섭취를 적극 권한다. 이와 더불어 지방질, 설탕 등의 함량이 많고 섬유질이 적은 고에너지 식품과 각종 설탕 음료의 소비를 줄일 것을 권유한다. 붉은색 육류와 육류 가공품, 염장식품 등의 소비도 함께 줄일 것을 요구하고 있다.

그럼에도 불구하고 현대인의 식탁은 상당 부분 이러한 권장사항과 반대로 나아가고 있다. 그러니 암 환자수가 점증하고 그에 따른 보건비용도 천문학적으로 증가할 수밖에 없다.

심혈관계질환

심혈관계질환은 심장과 뇌 및 이들을 연결하는 혈관과 관련된 각종 질병이다. 세계보건기구에 따르면 이 질환으로 인한 사망자는 2018년 1,790만 명으로, 전체 비전염성질환 사망자의 44%를 차지한다. 이 비율은 2005년의 30%에서 꾸준히 증가한 것으로, 심혈관계질환이 인류 건강의 최대 위협 요인임을 말해준다. 고(高) 에너지 음식을 과다 섭취하는 선진국과 개발도상국에 이 질환 환자가 많다.

관상동맥의 협착 및 폐색으로 인한 협심증과 심근경색증, 뇌혈관이 막히는 뇌경색과 터지는 뇌출혈, 나쁜 콜레스테롤(LDL)이 증가하는 고콜레스테롤혈증, 그리고 동맥경화증, 부정맥, 심부전, 고혈압 등이 이 질환에 해당한다. 심장과 뇌라는 주요 기관과 혈관이 관련됐기 때문에 그 범위가 매우 넓다.

동맥경화증이 악화해 관상동맥의 폐색이 일어나고, 그로 인해 개흉

술(開胸術)로 다리 정맥을 떼어 망가진 관상동맥을 대체하는 환자들이 적지 않다. 뇌출혈로 하반신이 마비돼 앉은뱅이로 여생을 보내는 이들도 많다. 이렇듯 엄청난 수술을 필요로 하거가 수술 후 큰 장애를 남기기도 하는 게 이 질환이다. 사람들은 무심코 생활하다가 몸에 이상이 느껴져 병원을 찾는다. 하지만 그때는 이미 몸이 상당히 망가진 상태다. 이렇게 되기 전에 일상생활에서 예방에 힘썼어야 했건만 때는 늦었다. 사람들은 일반적으로 그런 일이 자신에게 닥치리라는 것은 예상하지 못한 채 무절제한 생활을 계속하다가 병을 키우게 된다.

이 질환의 주류를 이루는 협심증, 심근경색증 및 뇌졸중은 심장이나 뇌로 가는 혈액의 흐름에 장애가 나타나는 질환이다. 이는 혈관의 내벽에 지방이 축적되는 것이 주원인이다. 그러면 혈관은 좁아지고 딱딱해지며 유연성을 상실한다. 이것이 바로 동맥경화증이다. 경화된 동맥은 혈전이 지나다니면서 막힌다. 이로 인해 심장이나 뇌에 혈액이 더 이상 공급되지 못하면서 사고가 터지게 된다.

혈관에 지방이 쌓여 동맥경화가 초래되는 주원인으로는 흡연, 신체 활동 부족 등과 더불어 건강에 좋지 않은 식사가 꼽힌다. 특히 기름진 음식, 설탕이 많이 함유된 식품, 소금기가 많은 음식 등이 문제를 초래하는 것으로 지적된다. 이들 음식 대신 제철 채소나 천연 과일과 같은 신선 농산물을 즐겨 먹으며 적절히 운동하면 심장발작과 뇌졸중으로 인한 조기 사망률을 적어도 80%까지 막을 수 있는 것으로 보고되고 있다. 또 총지방 비율과 소금 섭취량을 줄이고 채소, 과일 섭취량을 적절히 늘리는 것만으로도 협심증, 심근경색 및 뇌졸중 발생을 낮출 수 있다는 확실한 증거도 나와 있다. 하지만 병에 진입하기 전에 미리 철저히 대비하는 사람들은 그다지 많지 않아 보인다.

당뇨병

암, 심혈관계질환과 더불어 인류를 괴롭히는 또 하나의 주요 비전염성질환이 당뇨병이다.

당뇨병은 제1형과 제2형으로 나뉘는데, 제1형(소아 당뇨)은 어린이에게 주로 나타나며 선천적으로 인슐린을 분비하지 못해 발생하는 질환이다. 이와 달리 제2형(성인 당뇨)은 인슐린을 분비해도 비만 등으로 그 기능이 떨어져 세포가 포도당을 효과적으로 연소하지 못해 발생한다. 이로 인해 포도당이 에너지로 쓰이지 못하고 혈액 속에 그대로 머물러 있다가 소변으로 빠져 나간다. 이로 인해 다뇨(多尿)와 갈증이 따라다니고, 많이 먹어도 체중이 감소하는 증상이 지속된다.

당뇨병이 악화하면 그 결과는 참담하다. 무엇보다 여러 가지 합병증이 발생하는데, 우선 당뇨병성 망막병증이 발생하고 이로 인해 실명할 수도 있다. 또 당뇨병성 신부전이 나타나 혈액투석을 하거나, 당뇨병성 족부궤양이 악화돼 발가락이나 다리를 절단하는 불행을 겪을 수 있다. 당뇨병 환자는 정상인에 비해 심혈관계질환을 일으킬 확률이 2~4배에 달한다는 보고도 있다. 이로 인해 환자 개인적으로 평생 많은 치료비용을 감당해야 하며, 국가적으로도 막대한 재정적 부담을 안게 된다. 당뇨 합병증을 치료하는 데 국가 보건비용의 10~20%를 투입하는 나라도 있는 것으로 알려진다.

당뇨병도 음식물과 관련이 많은 질환이다. 유전이 원인인 제1형을 제외하고 제2형이 전체 당뇨의 90%를 차지하는데, 이는 신체 활동 부족과 더불어 서구식 고열량, 고지방, 고단백 식사로 인한 과체중 및 비만이 발생을 촉진하는 것으로 지적된다. 따라서 도정하지 않은 곡물류와 신선 채소, 과일, 콩류 등으로 식사를 대체할 필요가 있지만 현실 상황은 녹록지 않다. 탄수화물 위주의 식사나 설탕, 기름기 가득한 식사를 즐기는 습관이 노골화하는 추세다. 심지어 과일도 당도가 극대화해 당뇨 발생을 일으키는, 이해할 수 없는 세상이 돼 버렸다. '당뇨 대란'이 예비될 수밖에 없는 이유다.

아토피 피부염

최근 수십 년간 아토피 피부염 환자가 크게 늘었다. 일본에는 4가구 중 1가구에 아토피 환자가 있다는 보고가 있으며, 우리나라는 초등학생의 30%가 아토피 피부염을 앓는다는 보고도 있다. 서구의 전통적인 도시보다 비교적 짧은 기간에 압축 성장을 계속해온 동아시아 국가의 대도시에 이 질환 환자가 상대적으로 많은 것으로 알려져 있다. 이는 이 질병이 그만큼 산업화, 공업화 및 그로 인한 환경오염과 상관관계가 있음을 입증한다.

의학계에서는 전통적으로 알려져 온 알레르기 체질이나 집먼지 진드기 등 외에 공업 발달로 인한 대기 오염 물질의 증가, 아파트 등 건물의 실내 오염 물질 증가 등이 아토피 피부염을 일으키는 것으로 지적하고 있다. 즉 자동차 배기가스와 공장의 매연, 냉방기가 내보내는 프레온가스, 실내 페인트, 살충제 남용 등이 원인이라는 것이다. 또 음식물과 관련해서는 농약이나 항생제에 오염된 농축산물, 인공감미료와 착색제 등 각종 식품첨가물이 많이 들어간 가공식품 등의 섭취가 병 발생을 부추기는 것으로 알려져 있다. 이에 따라 피부과 병·의원마다 아토피 환자들로 만원이지만, 어찌된 일인지 아직까지 이를 명쾌하게 치료해주는 의사들을 만나기는 어렵다.

이 병은 중증으로 치달으면 미칠 듯한 가려움증으로 밤잠을 설치기 일쑤다. 심하게 긁고 나면 진물과 피가 나오며 그 자리가 코끼리 피부처럼 두꺼워져 흉해 보인다. 이로 인해 학업을 제대로 이어가지 못하거나, 직장생활을 정상적으로 하지 못하는 경우도 발생한다. 아토피 피부염 환자의 삶의 질에 대한 불만족도가 정상인의 7.6배에 달한다는 보고도 있는 것을 보면 이것이 얼마나 가혹한 질병인지 잘 가늠할 수 있게 한다.

다행히 이 병을 앓던 어린이는 자라면서 저절로 완치되는 것으로 보이는 경우들이 많다. 하지만 이 경우도 완치된 것은 아니고 체내에 잠복해 있다가 청년이 되면서 종종 비염이나 천식으로 그 양상이 바뀌곤 한다. 아토피와 비염, 천식 셋은 약화한 호흡기 기능과 관련한 동일 계열의 질환이기 때문에 이런 일이 일어난다. 비염과 천식도 아토피 못잖은 난치병이어서 당사자는 잇따라 가슴앓이를 하게 된다. 그러다가 일이 여기에 그치지 않고 성인이 된 후에 다시 아토피가 출현하는 사람들도 간혹 볼 수 있다. 평생 삶의 질을 크게 위협받는, 불안의 주인공이 되는 것이다.

아토피는 도시를 떠나 농촌이나 어촌 마을에서 철저히 자연 친화적 생활을 하면서 완치를 경험한 사례들이 종종 나타난다. 이때 농약이나 화학비료를 사용하지 않은 농산물, 화학조미료와 식품첨가물 등이 들어가지 않은 천연식품 등을 위주로 식사할 것이 요구된다. 그러나 도시에서 날마다 일이나 학업에 얽매여 사는 사람들에게 이같은 자연 친화적

생활은 실천하기가 결코 쉽지 않다. 따라서 실천을 위한 구체적 방법들이 적절히 제시돼야 할 것으로 보인다. 독자 여러분은 〈제5장〉에서 이와 관련한 밥상의 지혜를 일정 부분 얻을 수 있을 것이다.

식탁의 불편한
진실들

식탁을 둘러싸고 있는 불편한 진실들은 한두 가지가 아니다. 인체에 해로울 수 있는 먹거리들이 끊임없이 밥상에 오른다. 소비자들은 가족 건강에 대한 깊은 생각 없이 이것저것 덥석덥석 사다 식탁에 올린다. 같은 식품이어도 기능성 물질들을 깎아내고 먹는 식습관을 반복한다.

식탁의 6가지
불청객

○

밥상에 불청객들이 너무 많이 오른다. 인체 건강에 순기능을 못하는 것들을 모두 불청객이라 말할 수 있다. 식품에 첨가되는 화학적 식품첨가물들이 상당 부분 그렇다. 트랜스 지방은 그 어떤 것보다 위험한 불청객이다. 지구 오염으로 먹을거리에 스며드는 환경호르몬도 무서운 불청객이다. 농약, 항생제, 염산 등은 농축산물이나 해산물의 생산 과정에서 사용돼 식탁에 오르는 반갑잖은 물질들이다. 이들은 먹는 주체인 인간 몰래 밥상에 잠입한다. 아군이 잘 모르도록 변장을 하고 깊숙이 침투해 군대를 교란하는 침입자들과 같다.

화학적 식품첨가물

식품첨가물은 형태에 따라 화학적 합성품과 천연 첨가물로 나뉘며, 이는 기능에 따라 식품의 부패와 변질을 막기 위한 것, 맛이나 색깔을 향상시키기 위한 것, 영양을 강화하기 위한 것 등으로 구분된다. 합성 보존료, 산화방지제, 합성착색료, 합성감미료, 합성착향료, 인공조미료, 산미료, 발색제, 표백제, 살균제 등이 이에 해당한다. 현재 전 세계적으로 사용되는 식품첨가물은 무려 3천여 종에 이르는 것으로 알려진다.

그 가운데 안전성과 관련해 주요 경계의 대상이 되는 것은 화학적 합성품이다. 이는 자연계에 없는 물질을 화학적으로 합성한 것과 각종 천연물 성분을 화학 반응을 거쳐 새롭게 변화시킨 물질이다. 각국 정부는 이들 화학적 식품첨가물이 소비자 건강을 해치지 않도록 각종 안전성 확보 조치를 취하고 있다. 1일 섭취 허용량과 최대 사용량을 정해 엄격히 지키도록 하는 것 등이 그런 예이다.

그럼에도 불구하고 식품첨가물에 대한 안전성 논란은 끊이지 않는다. 대표적 예가 인공조미료 글루탐산일나트륨(MSG)으로 인한 중국음식점증후군이다. 1960년대 건강하던 미국인이 중국음식을 먹고 나면 입과 혀가 마비되고, 두통과 구역질을 느끼며, 심장박동이 약해진다고 호소하자 학자들이 조사에 나섰고 그 결과 원인이 글루탐산일나트륨임이 밝혀졌다. 그후 음식의 감칠맛을 향상시키는 글루탐산일나트륨에 대한 환상이 흔들렸고, 소비자들이 외면하기 시작했으며, 이같은 안전성 시비는 오늘날까지 이어지고 있다.

빵이나 과자를 부풀리는 데 쓰는 탄산수소나트륨은 몸 안에 납, 카드뮴 등의 중금속을 축적시킬 수 있어 꾸준히 논란이 돼 왔다. 타르색

소인 황색4호와 황색5호 등은 콩팥 장애와 발암 가능성이 지적돼 왔다. 식품의 보존기간을 늘리는 방부제로는 소르빈산과 소르빈산칼륨이 널리 쓰인다. 이들은 암 유발 가능성과 염색체 이상 초래 등이 보고된 바 있다. 발색제인 아질산나트륨은 육류의 단백질과 결합해 니트로조아빈이란 발암물질을 생성한다.

발색제와 방부제 없이는 햄이나 소시지 등 육류 가공품을 만들어 낼 수 없다. 그런데 이들 첨가물이 이렇게 건강에 역기능을 초래해 세계보건기구와 국제암연구소(IARC) 등은 지난 2015년 가공육을 담배, 석면과 같은 1급 발암물질로 지정, 충격을 주기도 했다.

심지어 천연물을 재결정해 얻은 설탕도 음식에 너무 많이 첨가할 경우 당뇨병이나 심장질환 같은 난치병을 야기한다. 그런가 하면 농수산물에도 인공 발색제가 사용된다. 굴비를 더 맛있게 보이게 하려고 배 부위에 노란 칠을 하는가 하면, 흰깨에 검정 물을 들여 흑임자로 속여 파는 것이 그런 경우다. 소비자들은 이런 상술에 감쪽같이 속아 넘어가고, 이를 먹는 가족이 위험에 내던져지게 된다. 식품첨가물은 가공식품 기술 발달과 맞물려 오늘날 선진국들을 식품 부국의 위치에 올려놓았지만 이렇듯 부정적 면모가 뒤따라 식탁에 늘 그림자를 드리운다.

트랜스지방

트랜스지방은 주로 산패(酸敗)를 막기 위해 식물성 불포화지방산에 수소를 첨가해 만든다. 이렇게 하면 액체이던 식물성 유지가 고체나 반고체 상태로 바뀐다. 마요네즈, 마가린, 쇼트닝 등이 이런 방법으로 생산되는 트랜스지방 제품들이다.

트랜스지방은 식물성 지방과 달리 운반하거나 저장하기 용이하다. 이를 사용해 식품을 만들면 유통 기간이 늘어나고, 냉장 보관의 필요성은 줄어든다. 쿠키나 머핀, 팝콘 등이 그런 식품들이다. 뿐만 아니라 트랜스지방이 들어간 식품은 맛도 크게 좋아진다. 특유의 고소하며 당기는 맛이 담배의 니코틴처럼 중독성을 초래하기도 한다. 자장면, 라면, 감자튀김, 도넛, 패스트리, 햄버거, 인스턴트 분말수프, 초콜릿가공품 등 트랜스지방을 첨가해 소비자 입맛을 유혹하는 제품들이 의외로 많다.

그런데 트랜스지방이 '침묵의 살인자' 혹은 '죽음에 이르는 징검다리' 등으로 공격받으면서 이들 제품에 대한 소비자 불안 심리를 자극한다. 이런 비판의 이면에는 인체 신진대사와 관련한 부정적 연구 결과들이 있다. 트랜스지방은 나쁜 콜레스테롤(LDL) 수치를 높이고 좋은 콜레스테롤(HDL) 수치는 낮춘다거나, 관상동맥 심장질환의 위험을 증가시키며 이에 관한 한 포화지방보다 더 해롭다는 등의 연구가 그런 것들이다. 미국에서는 매년 3만~10만 명의 심장병 사망자가 트랜스지방이 원인이 되어 발생한다는 지적도 있다.

이에 따라 세계보건기구는 이로 인한 건강상 위험을 낮추기 위해 트랜스지방산은 1일 전체 에너지 섭취량의 1%를 초과하지 말 것을 권유하고 있다. 심지어 덴마크 정부는 가공식품의 트랜스지방 함량이 2% 이상인 경우 이를 유통하거나 판매하지 못하게 한다. 미국 뉴욕시는 모든 음식점의 트랜스지방 사용을 전면 금지하고 이를 위반하는 경우 벌금을 부과하는 등 강경하게 나오고 있다. 우리나라는 가공식품의 영양 표시 항목에 트랜스지방 표시를 법제화했을 뿐 별다른 규제는 시행하고 있지 않다.

항생제

인류가 최근처럼 육류와 물고기를 풍요롭게 소비한 적은 일찍이 없었다. 이는 축산업과 수산업의 생산성이 비약적으로 향상된 덕분이다. 이러한 생산성 향상에 크게 기여한 것이 동물용 약품으로서의 항생제다.

동물용 항생제는 중국, 미국 등 일부 국가에서 두드러지게 사용하고 있다. 미국과학원회보(2019년 3월 19일자)에 따르면 2010년 세계 축산용 항생제 사용량 6만 3,151t 가운데 중국이 23%, 미국은 13%를 차지한 것으로 추정된다. 이같은 축산용 항생제 사용량은 2030년 10만 5,596t으로 증가하고 중국이 30%, 미국은 10%를 차지할 것으로 예상된다. 이런 추세로 인해 중국과 미국은 축산물 수입국의 비정부기구(NGO)들로부터 안전 축산물 생산을 소홀히 한다는 비판을 받고 있다.

농림축산검역본부에 따르면 우리나라의 동물용 항생제 연간 판매량은 2011년 기준 956t이다. 이는 판매량이 정점을 찍었던 2001년의 1,595t에 비해 크게 줄어든 양이지만, 그렇다고 안심할 단계는 아니다. 유럽연합은 2006년부터 성장촉진제로서의 항생제 사용을 전면 금지했다. 이로써 가축이나 물고기를 살찌우는 데 도움 되는 사료첨가제로서의 항생제 판매가 불법이 되었다. 우리나라 정부는 그동안 항생제 사용량을 낮추기 위해 다각도로 노력해왔지만 강력하게 규제하지는 못하는 실정이다. 이는 가축이나 물고기가 질병으로 폐사했을 때 농가의 경제적 손실이 만만찮기 때문이다.

항생제 잔류 축산물과 수산물은 종종 국제 분쟁의 원인이 되기도 한다. 수산물의 경우 중국 등 아시아와 라틴아메리카 국가들이 전 세계 판매량의 대부분을 차지하는데, 항생제 검사로 불합격 처리돼 수출국이 막대한 손실을 입는 경우들이 종종 발생한다.

항생제 잔류의 위험성은 국제 분쟁 못지않게 항생제 내성 박테리아나 미생물의 출현에서도 찾을 수 있다. E. coli O157을 비롯한 일부 대장균은 사람에게 설사, 장염 등을 초래하고 심할 경우 용혈성 요독증으로 죽음에까지 이르게 하는 미생물이다. 세계 곳곳에서 출현하는 이런 대장균이 항생제로도 통제되지 않는다는 것은 무서운 일이다.

인류는 강력한 항생제에도 죽지 않는 슈퍼 박테리아의 출현에 대해 불안감을 떨칠 수 없는 상황이 됐다. 항생제의 식품 잔류에 따른 소비자들의 불안감도 해결해야 할 과제다. 그에 대한 대안으로 무(無)항생제 축산이나 유기 축산, 유기 수산 등이 시도되고 있지만, 아직은 대체로 수익성이 낮아 크게 확산되지 못하는 실정이다.

농약

농약은 농작물의 병해충을 방제하기 위해 사용하는 것이지만 독성을 지녀 항상 논란이 돼 왔다. 농약업계는 이런 논란을 의식해 인간과 자연계에 안전한 농약 개발을 위해 노력해 왔다.

우선 농약 개발은 농산물을 장기간 먹는 소비자에게 발생할 수 있는 위해(危害) 가능성 예방에 초점을 맞춰 왔다. 현재 운용되고 있는 농약 안전사용기준과 잔류허용기준은 이를 위해 마련한 것이다. 또 농약은 환경에 대해 안전해야 한다. 이를 위해 천적곤충, 꿀벌, 새, 물고기 등과 수중 생물에 미치는 영향까지 세밀히 평가해 그에 대한 조치를 취하고 있으며 토양, 수질 및 대기 오염성이 높은 농약은 등록을 제한해 왔다. 우리나라를 포함한 경제협력개발기구(OECD) 회원국들은 국제적으로 공신력을 인정받는 기관의 시험성적을 요구해 신규 농약에 대한 안전성 평가가 엄격하다.

그럼에도 불구하고 현실의 상황은 불안하다. 유엔식량농업기구(FAO) 통계에 따르면 우리나라의 1ha당 농약 사용량은 2016년 기준 11.8kg으로, 중국의 13.06kg에 이어 두 번째로 많다. 이는 호주의 1.1kg보다 10배 이상 되는 것이고 캐나다(1.6kg), 미국(2.6kg), 영국(3.17kg), 프랑스(3.7kg) 등 서구 선진국들에 비해서도 월등히 많다. 일본은 1ha당 11.41kg으로 우리나라와 비슷한 수준이다.

사정이 이렇다 보니 그 피해는 고스란히 자연계의 생물과 사람에게 돌아간다. 주지하다시피 우리나라 논밭에서는 새와 곤충, 수중 생물 등 자연의 식구들이 상당수 멸절했다. 농약 잔류허용기준을 크게 초과한 농산물들이 백화점이나 대형할인점, 도매시장 등에서 종종 적발된다. 이는 부엌칼을 제 용도에 맞게 사용하지 않고 사람을 해치는 데 쓰는 것과 다름없다.

우리나라처럼 좁은 경지면적에서 비닐하우스 등을 통해 농산물을 다수확해야 하는 나라들은 농약 사용량이 매년 증가하는 추세다. 이로 인해 국민의 불안감이 높아지자 언제부턴가 농약 명칭을 '작물보호제'로 바꿔 부르게 되었다. 그렇게라도 해서 농작물이 병해충으로부터 잘 보호되고 소비자들이 불안감에서 벗어날 수 있다면 더할 나위 없이 좋겠지만, 현실은 그런 것 같지 않다.

염산

육지에서 농약이 골칫거리라면 바다에서는 염산이 문제다. 염산은 김 양식장에서 파래 등을 없애는 데 사용된다. 이에는 무기산, 폐염산, 유기산 등이 있다. 농약은 그래도 정부의 과학적 통제를 받는 화학물질이지만 염산은 그렇지 않다는 점이 큰 불안 요인이다.

염산 사용 여부에 따라 김 생산량에 큰 차이가 난다. 특히 무기산의 경우 이를 사용했을 때는 사용하지 않았을 때에 비해 김 생산량이 3~4배나 증가한다. 그러니 김 생산자들은 무기산 살포가 불법인 줄 알면서도 그에 대한 미련을 떨치지 못한다.

김은 소득 증대에 따른 수요 증가로 수십 년간 생산량이 급신장했다. 이로 인해 같은 양식장에서 매년 연작(連作)과 밀식(密植)을 할 수밖에 없었고, 그 결과 각종 질병 발생과 양식장 환경오염 문제가 발생했다. 특히 양식장의 노후화는 파래와 같은 부착 생물의 번식을 크게 늘렸다. 김 양식장에서 파래 등은 농작물의 잡초처럼 여겨진다. 수확량을 떨어뜨리고 수확 과정에서 파래가 섞여 김의 상품성을 하락시키기 때문이다. 이같은 부착 생물과 병해를 얼마나 잘 퇴치하느냐에 따라 김 생산 어가의 소득이 좌우된다.

무기산은 맹독성으로 인해 피부를 손상시키거나 심할 경우 실명 등 인명 사고를 초래할 수 있고 해양도 오염시킨다. 그래서 국제 사회에서도 이의 사용을 엄격히 금한다. 그럼에도 불구하고 어민들은 이에 대한 유혹을 물리치지 못해 간혹 당국에 단속되는 사건이 언론에 보도되기도 한다. 무기산보다 심각한 것은 폐염산이다. 이는 공업 생산 과정에서 폐기한 것인데, 중금속이 포함돼 이를 사용할 경우 김에 옮겨 붙을 수 있다. 그럴 경우 소비자 건강을 저해할 것이 뻔한 데도 불법을 감수하는 이들이 더러 있다.

무기산과 폐염산의 문제를 해결하기 위해 합법적으로 허용된 유기산을 쓰는 어가도 있다. 하지만 이는 가격이 무기산의 2배에 달하고, 효과가 약하며, 살포할 때 인건비가 많이 드는 등의 단점 때문에 생산자들이 달가워하지 않는다. 그러다보니 무기산이나 폐염산을 쓰는 관행은 뿌리 뽑히지 않고 그에 따른 건강상 문제를 소비자가 떠안아야 하는 실정이다.

환경호르몬

환경호르몬은 산업 활동에 의해 생성, 방출되는 물질로 인체에 흡수되면 주로 내분비계의 정상적 기능을 방해하거나 혼란케 해 여러 가지 질병을 초래한다. 이에는 여러 가지가 있다.

다이옥신류는 가장 크게 문제 되는 환경호르몬이다. 이는 주로 석유, 석탄, 담배 등을 태우거나 농약 등 화학물질을 생산하는 공장에서 발생하는데, 청산가리보다 1만 배나 강한 독성을 지녔다. 프탈레이트류는 식품 용기, 의료용품, 장판, 건축자재, 화장품, 장난감, 페인트 등에 들어가 있다. 비스페놀A는 식품, 음료수 포장지, 깡통 음료의 용기 내부 등에 함유돼 있다. PBDE는 플라스틱 제품 등에 광범위하게 들어가며, 농약 제조에도 엔도설판, 프로시미돈 등의 환경호르몬이 첨가된다.

이렇게 주위에 환경호르몬 물질이 넘쳐나면서 의식주 생활 전 영역에서 이를 피할 수 없는 시대가 됐다. 세계야생동물보호기금(WLFL)은 모두 67종의 환경호르몬이 인간의 생활 영역에 퍼져 있는 것으로 파악하고 있다.

이들 환경호르몬은 주로 음식을 통해 우리 몸에 들어온다. 즉 다이옥신은 육류나 유제품의 지방에, 그리고 농약의 환경호르몬은 채소, 과일, 곡식 등에 잔류해 있다가 체내에 들어온다. 프탈레이트류는 식품 용기를 거쳐서, 비스페놀A는 음료수 포장지를 통해, 그리고 PBDE는 식품 포장용 플라스틱을 통해 인체에 들어오는 식이다.

이런 과정을 거쳐 들어오는 환경호르몬은 우리 몸에서 진짜 호르몬인 것처럼 작용해 내분비계의 정상적인 기능에 혼란을 야기한다. 이로 인해 생식기능 저하, 기형아 출산, 성장장애 등과 암 등 각종 난치병이 발생한다. 예를 들어 남성의 정자 수 감소와 정자의 질 저하로 인한 불임 환자 증가만 해도 상당 부분 환경호르몬과 관련됐음은 주지의 사실이다.

다이옥신은 일단 체내에 들어가면 무려 7~11년 동안 빠져나오지 않으며 신경계, 면역체계, 내분비계, 생식기능 등에 광범위하게 손상을 입힌다. 고농도의 다이옥신은 단기간 노출돼도 신체 기능이 저해된다. 이런 다이옥신이 우유나 치즈 등의 낙농제품과 돼지고기, 닭고기, 달걀 등에서 발견돼 수백만 마리 가축이 살처분되거나 수입이 거부되는 등 지구촌에서 각종 사고가 끊이질 않는다. 이래저래 안전한 식탁을 대하기가 무척 힘든 세상이 됐다.

사탕인가
사탄인가

○

현대인의 식탁에서 맛의 균형이 깨졌다. 쓴맛은 거의 실종됐고 단맛과 고소한 맛이 넘친다. 신맛, 쓴맛, 단맛, 매운맛, 짠맛 등은 다섯 가지 기본 맛이다. 인간이 혀로 느끼는 맛은 이외에도 고소한 맛, 떫은 맛 등이 있다. 그런데 언제부턴가 단맛과 고소한 맛 등이 왕좌의 위치를 차지하고 나머지 맛들은 기세를 잃었다. 물론 나라와 지역에 따라 선호하는 맛이 다르기도 하지만, 단맛 나는 음식이 밥상을 지배하는 것은 거의 공통된 현상이다.

단맛과 고소한 맛이 왕좌 차지

우선 주식(主食)이 대부분 단 음식들이다. 각종 빵과 쌀밥, 떡 등이

169

그렇다. 빵은 설탕 넣지 않은 것들도 있지만 이 경우 과일 잼 등을 발라 먹게 되므로 단 음식이 된다. 달콤한 것은 빵맛의 기본이다. 제빵 공장에서는 부드러운 질감을 유지하고, 부패를 방지하며, 구미를 당기게 하기 위해 빵 제조 과정에 설탕을 사용한다. 생일날 단골 선물인 케이크는 설탕 덩어리이다. 쌀밥 역시 쌀로 엿과 감주 만드는 것을 감안할 때 설탕 덩어리와 마찬가지다. 쌀로 떡을 만들 때도 설탕이 들어간다. 시중의 떡 가운데 달착지근하지 않은 것은 거의 없다. 달지 않으면 손님들이 사가지 않는다. 알록달록한 한과도 모두 조청을 입혀 달지 않은 것을 만나기 어렵다.

불고기를 요리할 때도 설탕을 넣는다. 가정에서는 키위 같은 과일의 생즙을 넣기도 하지만 대중음식점은 대부분 비용을 줄이기 위해 설탕을 사용한다. 생선 요리도 마찬가지다. 설탕은 고기와 생선을 연하게 만들고 풍미를 향상시켜 미각을 즐겁게 한다. 대중음식점들 가운데는 갈비탕을 끓일 때도 설탕을 넣는 경우가 있다. 그래야 고기가 흐물흐물해져 뼈에서 잘 분리되므로 손님들이 좋아한다. 이런 갈비탕을 한 그릇 비우면 설탕을 두세 스푼 먹은 것과 같아진다.

각종 장류와 김치도 달다

한국인의 대표 조미료인 된장, 고추장, 간장, 쌈장 등도 달기만 하다. 퀴퀴한 냄새 감돌며 깊은 맛을 내는 전통 장을 만나기 어렵다. 특히 시중에서 파는 제품들은 제대로 발효되지 않았을 뿐더러 설탕이나 조청, 올리고당 등을 넣어 들큼한 것들이 대부분이다. 이들 장을 즐기면 당분을 필요 이상으로 섭취하는 이상한 꼴이 된다. 그뿐인가. 배추김치도

시중에서 파는 제품은 대부분 설탕이 듬뿍 들어간다. 쪽파김치, 총각김치 등 거의 모든 종류의 김치가 그렇다.

〈제1장〉에서 지적했듯이 과일들도 거개가 설탕덩어리로 둔갑했다. 소비자들이 단 것을 좋아해 농민들이 당도 향상에 매진한 결과다. 달지 않은 과일은 농장과 마트 진열장에서 퇴출되거나 소외된 지 오래다. 젊은이들이 즐기는 모든 청량음료와 다양한 과자들도 죄다 단맛 가득한 것들이다. 세상 사람들이 입에 달고 고소한 먹을거리들에 둘러싸여 이성을 잃어버린 형국이다.

단맛을 좋아하는 것은 인간의 원초적 본능이다. 다른 맛의 음식들은 일정량 이상을 먹으면 대체로 거부감이 들지만 단맛 나는 음식은 그렇지 않은 경향이다. 사람들은 단맛에 대해 질리지 않고 쾌감을 느낀다. 이는 원시 인류로부터 전해오는 본능이다. 원시 조상들은 숲에서 열매 등을 따먹을 때 단맛 나는 것은 먹어도 별 문제 없지만, 쓴맛 나는 것 등은 그렇지 않다는 사실을 알고 식습관에 반영했다. 이런 식습관이 오랜 세월 전해오면서 단맛에 대한 애착이 변치 않게 되었을 것이란 견해들이 있다. 거기에 더해 농업기술과 가공기술이 발달하면서 수요자 욕구를 반영해 식품의 단맛은 오늘날 식탁의 대세가 돼버린 것이다.

미각 장애인 된 듯한 현대인

반면에 쓴맛 열매는 원시 조상 때부터 독이 들어 있을 가능성 등으로 경계되고 입이 본래부터 싫어하므로 밥상에서 제 위치를 잡기 어려웠다. 더구나 근·현대에 들어와 식품 가공기술이 소비자 욕구에 어필하면서 점점 더 존재감이 약화했다. 오늘날 사람들이 왁자지껄한 분위기에서 대하는 식탁이나 행복한 밥상에서는 쓴맛 나는 것들이 별로 보이지 않는다. 젊은이들이 즐기는 자리라면 더욱 그렇다. 사람들이 미각 장애인이 된 느낌이다.

단맛은 체험하면 할수록 중독되는 성질이 있다. 어느 통계에 의하면 현대인의 80%가 단맛에 중독돼 있다고 한다. 단맛에 중독되면 다른 맛에 대한 감각이 둔해져 쓴맛, 신맛 등을 점점 더 찾지 않게 된다. 매일같이 달콤한 맛에 사로잡혀 그 위험한 세계에서 빠져 나오지 못한다.

성인병, 금단과 탐닉한 대가

단맛에 중독되면 마약 중독 못지않은 폐해가 발생한다. 물질적 욕망이 지나쳐 정신은 퇴화하고 육체가 병든다. 상당수의 성인병이 대체로 단 음식을 주축으로 한 미식(美食)의 결과임은 현대의학과 영양학에서도 지적하고 있다. 이는 현대의 아담과 이브들이 '현대판 금단과(禁斷果)'를 탐닉한 데 대한 대가라 할 수 있다.

식탁에서 다섯 가지 맛이 균형을 잃고 그와 같은 상태가 오래 지속되면 인간의 육체에 부정적 영향이 미친다. 우선 쓴맛이 부족하면 심장과 혈관에 좋지 않은 결과가 나타난다. 체내 독소와 노폐물은 지방과 결합돼 있고, 쓴맛의 음식에 지방을 분해하는 물질이 많다. 그런데 쓴맛을 멀리함에 따라 음식이 순기능을 하지 못하고 몸 안에 지방과 독소 등 노폐물이 쌓이게 된다. 그 결과 고지혈증, 동맥경화, 고콜레스테롤혈증 등이 나타나고 2차로 협심증, 심근경색, 심장마비 같은 무서운 심장병이 초래된다. 선진국에서 심장질환으로 사망하는 사람들이 가장 많은 것도 이런 잘못된 식습관 때문이다.

쓴맛은 심장에 들어가 약이 된다

예부터 고미입심(苦味入心)이란 말이 전해진다. '쓴맛은 심장에 들어가 약이 된다'는 말이다. 그래서 선조들은 철따라 고들빼기, 머위 등을 가꿔 먹었고 산야에서 곰취, 참취, 씀바귀, 민들레 등을 뜯어다 반찬으로 이용했다. 쓴맛 나는 약초나 음식은 열을 식히고, 몸속 염증을 씻어내며, 습기를 말리고, 노폐물을 몸 밖으로 빠져 나가게 하는 효능이 있다. 따라서 쓴 먹거리는 만성염증으로 고생하거나 대사성 질환으로 시달리는 사람에게 좋다. 또 혈액순환이 잘 안되거나 소화불량이 있는 사람, 알레르기 환자 등에게도 유익하다. 그럼에도 불구하고 쓴맛을 기피하니 현대인들은 비만, 암, 심혈관계질환, 당뇨병 등의 포로가 될 수밖에 없다.

또 신맛은 간으로 들어가 약이 된다. 간이 해독기능을 제대로 하지 못하면 몸이 천근만근 무겁고 기운이 떨어진다. 우리 몸에 날마다 들어오는 독소를 해독하지 못하면 체내에 그대로 쌓여 피가 끈적끈적하고 탁해지는 등 부작용이 생겨난다. 그런데 신맛 음식을 적절히 섭취하면 이같은 문제가 상당 부분 해결된다. 그래서 선인들은 매실이나 유자, 천도복숭아, 산수유, 오미자, 모과 등을 가까이했고, 잘 삭힌 배추김치나 동치미 등을 늘 밥상에 올렸다. 그런데 요즘 사람들은 신맛 역시 쓴맛처럼 별반 좋아하지 않는 경향이다. 그로 인해 간 기능 약화를 위시해 신체 건강에 여러 가지 부정적 결과가 나타나게 된다.

밥상에 항상 사탕 바구니가 놓인 형국

그나마 한국인은 매운 음식을 즐겨 폐 기능을 보하고 짭조름한 음식들로 일부 맛의 균형을 유지하는 지혜는 지녔다. 하지만 쓴맛, 신맛을 멀리하고 달거나 고소한 것 등 먹기 좋은 것들만 선호해 밥상의 건강 기능이 한쪽으로 기운 실정이다. 더욱이 젊은이들의 단맛에 경도된 취향은 기성세대보다 훨씬 더하다. 심지어 쓴맛이 본질인 커피와 초콜릿도 달디 단 음식으로 형질 전환시켰고, 뭘 먹을 때마다 달콤한 것들에 둘러싸이는 그들이다. 이는 단맛에 대한 금도를 한참 넘어, 밥상에 항상 사탕 바구니가 놓인 것과 같은 상황을 연출하고 있다. '사탕'은 '사탄'이라 할 수 있다. 그러니 아무래도 사탄이 식탁을 점령한 것 같은 형국이다.

대자연의 섭리
거스르는 화식

〇

화식(火食)은 음식물을 익혀 먹는 것이고, 생식(生食)은 날것으로 섭취하는 것이다. 동물들 가운데 인간만이 화식을 하고, 자연계의 다른 동물들은 모두 생식을 한다.

본래 동물들은 자연에서 먹이를 구해 날것 그대로 먹는 본성을 부여받았다. 그런데 인간이 불을 발견하면서부터 대자연의 그런 이치를 거부하게 되었다. 이제는 인간 사회에서 생식을 한다 하면 오히려 특이한 사람으로 비치기 십상이다. 조물주의 섭리에서 벗어난 화식이 보편적인 식사로 자리매김한 지 오래다.

조물주 뜻과 다른 화식, 보편적 식사로 자리매김

불은 선사시대에 발견됐으니 화식의 역사도 그만큼 장구함을 짐작할 수 있다. 일찍이 인간의 조상들은 야생 열매나 고기, 농산물 등을 불에 익히면 거칠지 않고 부드러워 맛나게 먹을 수 있음을 알았다. 반면 날것은 다듬어지지 않고 억세어 먹는 데 불편함을 느꼈다. 이로 인해 자연히 화식 습관이 점점 자리 잡게 되었을 것이다. 그러다가 각종 세균과 기생충으로 인한 감염병 차단에 유익함을 알면서 화식은 점점 더 생활 깊숙이 파고들었다.

그런데 오늘날에 이르러서는 위생 수준이 향상되고 항생제도 발달해 음식으로 인한 감염병 피해가 그리 심각하지 않다. 물론 바이러스가 비말(飛沫)이나 에어로졸(aerosol) 형태로 퍼져 호흡기 감염을 통한 전염병의 대유행을 낳고는 있지만, 음식 자체가 식도로 넘어가 신체를 감염시키는 질병은 많이 줄었다.

그럼에도 불구하고 인간은 화식 습관을 바꾸지 않는다. 태초에 조물주로부터 부여받은 본성을 회복하려고는 하지 않고, 오히려 점점 더 찌고, 볶고, 삶고, 굽고, 펄펄 끓여 먹으려고 한다. 무엇이든 불을 동원해 죽이거나 반쯤 죽인 상태로 먹는 것을 당연시한다. 물론 독성을 지녔거나, 향미가 너무 강하거나, 섬유질 함량이 지나친 식재료는 데치거나 끓여 그 기세를 약화한 상태로 먹어야 유익할 수도 있다. 그러나 문제는 이런 점을 떠나 사람들이 맹목적으로 화식을 하는 데 있다.

모름지기 생명이 없는 것은 생명체의 양식으로서 적합하지 않다. 그런 면에서 가장 이상적인 식사법은 자연에서 채취하거나 논밭에서 수확해 생명력이 왕성한 것을 바로 먹는 것이다.

생명 없는 것은 생명체 양식으로 적합하지 않다

식물은 흙에서 뽑거나 잎, 줄기, 열매 등을 채취하는 순간부터 당초 지니고 있던 생명력이 감소한다. 전해질이 이동하고 영양소와 기능성 물질 등이 유실되며 시나브로 시들어간다. 그러므로 수확 후 오래 저장했다 먹는 것은 식물의 충일한 생명력을 상당 부분 포기하는 것과 같다. 그런데 저장했다 먹는 것은 고사하고 화식마저 일상화하는 것은 인간을 위한 자연의 배려를 저버리는 것과 같다고 할 수 있다.

음식을 익혀 먹으면 잃어버리는 것들이 너무 많다. 우선 천연 식재료가 지닌 각종 비타민과 미네랄이 파괴되고 단백질과 지방이 변형돼 같은 양을 먹고도 에너지 효율 면에서 손해가 난다. 대체로 에너지 효율이 5분의 1정도로 감소한다고 한다.

생식품에는 식물의 잎이 생산한 엽록소가 풍부해 이를 그대로 먹을 경우 혈액이 맑아지고 신진대사가 활발해진다. 생식품에는 각종 효소와 함께 카로티노이드, 이소플라본, 카테킨, 사포닌, 엽산 등 다양한 기능성 물질들이 들어 있어 생체 활성화에 중요한 역할을 한다. 그런데 익히면 이들 물질이 상당 부분 파괴돼 항산화 등 생리활성 기능을 충분히 기대하기 어렵다. 음식을 통해 면역력을 증진하고 이를 통해 각종 질병을 예방하거나 치료하는 기능도 원천적으로 약화될 수밖에 없다.

하늘과 땅의 정기 받아들여야

채소나 산나물은 자연의 생명이 고스란히 담긴, 살아 있는 먹거리다. 따라서 이를 날것으로 먹을 경우 채소, 산나물이 하늘과 땅으로부터 받아들여 축적한 정기를 몸 안에 그대로 옮겨 놓는 것이 된다. 그러니 우리 몸은 별 어려움 없이 활력과 생명력을 되찾을 수 있다.

채소와 산나물, 과일 등은 태양광선의 희고, 검고, 노랗고, 붉고, 푸른 색깔들과 함께 시고, 쓰고, 달고, 맵고, 짠 맛들을 지니고 있다. 이들은 식물이 햇빛과 공기, 물, 흙 등의 에너지를 끌어들여 형성한 것이다. 즉, 뿌리의 삽투압 작용을 통해 흙의 기운을 끌어 올리고 잎의 광합성 작용을 통해 태양과 우주의 기운을 받아들여 만든 생명소들이다. 따라서 채소 등을 날것으로 섭취하면 체내에 우주의 정기가 그대로 들어와 생생한 활력을 얻을 수 있게 된다. 반면 익혀 먹으면 이들을 날려버려 생명력이 약화하거나 아예 죽은 음식을 먹는 꼴이 된다.

생식의 가장 큰 이점은 적은 양을 먹고도 일상생활에 필요한 에너지를 얻어 활력 있는 삶을 영위할 수 있다는 데 있다. 익힌 것은 많이 먹어야 하지만 날것은 원기와 생명력이 가득해 저칼로리 식사를 해도 문제 없다. 따라서 생식은 요즘 건강의 시한폭탄이 되고 있는 비만을 해소하고 지구촌 식량 부족 문제를 해결하는 데도 기여할 수 있다.

또 생식은 신진대사를 활발히 하는 데 도움을 줘 젊음을 유지할 수 있게 하고 장수를 보장한다. 일상적으로 날것을 먹으면 새로운 세포가 활발히 만들어져 늙거나 병든 세포를 대체한다. 이와 함께 기존 세포의 생존 기간도 늘어난다. 그러니 세월의 흐름이 정지한 듯한 신체 상태를 유지할 수 있게 된다.

그런가 하면 생식은 미용 효과를 높일 수 있는 좋은 방편이기도 하다. 혈액순환을 촉진하고 독소와 노폐물 배출을 원활히 해 피부가 고와지며 탄력이 생긴다. 같은 양을 먹고도 체지방이 잘 늘지 않아 그 자체로 다이어트 효과도 가져온다.

채소를 사정없이 익혀서 먹는다

그럼에도 불구하고 요즘도 지구촌 사람들은 식재료를 매일같이 끓이거나 구워서 먹는다. 채소로 국을 만들 때도 미리미리 썰어 냄비에 넣고 푹 끓인다. 고기 등 다른 재료가 익는 것을 살펴가며 마지막으로 넣어 영양소와 기능성 물질의 파괴를 최소화하려 하지 않고 이처럼 채소를 온전히 삶아 죽인다. 생선조림을 하거나 탕을 끓일 때도 채소를 사정없이 익혀버린다. 이렇게 생각 없이 주방 일을 하는 주부나 요리사들이 적지 않다. 이런 조리법이 바뀌어야 한다.

식품 가공 과정에 들어가는 채소, 과일들은 익히고 설탕, 소금에 절여 마치 미라처럼 형체는 있지만 생명이 소실된 것이 된다. 이들을 먹는 것이 생식보다 결코 좋을 리 없건만 사람들은 다른 판단을 하려 하지 않는다. 그런 생활은 현대의학으로도 잘 치료되지 않는 각종 성인병, 난치병의 원인이 되기도 한다.

'염소의 식사' 실천해 병 고치는 사람들

제철에 채취한 채소, 과일, 산나물 등은 우리 몸의 자연 치유력을 극대화할 수 있게 도와주어 치유 식품으로서의 기능도 유감없이 발휘한다. 옛 선인들은 병이 나면 염소를 한 마리 사서 그 동물의 식사법을 그대로 따라 했다고 한다. 염소를 몰고 산과 들로 돌아다니면 야생의 기질 강한 그 가축이 무엇을 뜯어먹나 알 수 있다. 염소가 즐기는 씀바귀, 민들레, 컴프리, 쑥, 돌나물 등에다 심지어 칡잎과 댓잎마저 사람이 함께 뜯어 먹는다. 이렇게 '염소의 식사'를 한 철 계속하고 나면 어느덧 병마가 물러간다는 것이다.

요즘도 이렇게 염소의 식사를 실천하는 이들이 있다. 강원도 산골 약수터 등에서 요양하는 일부 난치병 환자들이 이렇게 염소를 따라다닌다. 그들은 소의 야생풀 식사법을 흉내 내기도 한다. 개중에는 이런 방법으로 암 등 고질병을 물리치고 도시로 돌아온 이들도 있다.

　병을 고치거나 건강을 증진하기 위해 소나 염소를 쫓아다니지는 못하더라도 시장의 채소, 나물을 사다가 가족을 위해 생식이란 최상의 자연식을 제공할 법도 한데, 21세기의 현실은 점점 그와 반대 방향으로 나아가는 것 같다. 생명을 살리는 요리와 조리법이 아쉽다.

사라진 통곡물 식습관과
부분식품의 함정

○

사람들은 항상 먹을 때 목 넘김이 부드럽고 맛있는 것 위주로 먹으려 한다. 그래서 하나의 식품을 먹더라도 전체를 다 먹지 않고 맛있는 부위만 골라내어 먹는 경향이다. 하나의 식품에는 입에 거칠거나 뻑뻑하거나 쓸쓸해서 거북한 부위가 있는가 하면, 달고 고소하거나 보들보들하거나 외관상 먹음직스러워 보이는 부위가 있다. 사람들은 대체로 후자를 선택하기 마련이다. 일찍이 바벨탑을 쌓아 신의 영역에 도전했던 인간은 이렇듯 식탁에서도 여지없이 영특함을 드러낸다.

하나의 농수산물에는 각종 영양가와 인체의 생리작용에 관여하는 다양한 약성 물질들이 어떤 고차원적 균형을 이루고 있다. 그래서 전체 식품(whole food)은 이를 일부만 분리해 먹는 부분식품(partial food)에 비해 건강에 유익한 것이 당연하다. 하지만 오늘날 이런 판단을 하면서 식품을 구입하고 요리에 적용하는 이들은 드물다. 오로지 맛난 것만 취해 밥상에 올리는 경향이다.

그러다 보니 전체를 보는 안목은 상실되고 부분의 함정에 빠져 살게 된다. 그러나 인간은 그것이 함정인 줄 잘 모른다. 건강상 이상 신호가 나타나야 식탁의 상태를 돌아보게 된다. 똑똑한 어리석음이 현재 진행형이 되어 식탁에서도 바벨탑 쌓는 행위가 지속되고 있다.

통곡물과 도정한 곡물의 차이

곡물을 먹는 식습관이 꼭 그렇다. 사람들은 언제부턴가 곡물을 도정해 겉껍질(왕겨 또는 겉겨)과 속껍질(쌀겨 또는 속겨)을 벗겨내고 부드러운 배유(전분층) 부분만 빼내어 먹기 시작했다. 주로 벼와 찰벼를 대상으로 그렇게 해왔다.

겉껍질만 벗긴 것이 현미인데, 이는 쓿지 않아 속껍질이 남아 있고 누르스름하다. 현미찹쌀도 속껍질이 존재해 역시 누르스름하고 왠지 깨끗해 보이지 않는다. 이들로 밥을 지으면 뻑뻑해서 많이 씹어도 목구멍으로 잘 넘어가지 않는다.

반면 속껍질을 없앤 백미와 백미찹쌀은 흰 빛깔이어서 깨끗해 보이고 밥으로 지었을 때 부드러워 먹기 편하다. 밀도 속껍질을 날려버린 것으로 가루를 만들 때 국수나 빵이 부드러워 사람들이 좋아한다. 이렇듯 사람들은 먹을 때 거친 느낌을 주는 곡물을 싫어한다. 흰쌀밥 위주의 식습관이 자리 잡고 통곡물 식사법이 소외된 이유다.

아주 오랜 옛날에는 인류가 도정기술이 없어 겉껍질만 벗긴 통곡물

(whole grain)로 밥을 해 먹었을 것이다. 그러다가 부드럽게 가공해 배부르게 먹으려고 도정 기술을 궁리하게 된 것으로 보인다. 그 과정에서 방앗간이 등장하고 최근에는 첨단 기술과 시설을 갖춘 미곡종합처리장이 전국 곳곳에 자리 잡아 백미와 백미찹쌀을 먹는 것이 대세로 굳어졌다. 현미나 현미찹쌀은 일부 환자나 건강식 운동하는 이들이 먹는 곡물 정도로 치부된 실정이다.

이런 식습관은 사회적으로 누군가 혁명이라도 일으켜 강제로 바꾸기 전에는 변화하기 힘든 상태로 고착화했다.

사람들의 뇌리에는 현미가 백미에 비해 영양가가 좋은 것으로는 인식돼 있는 듯하다. 하지만 그들은 그렇다고 불편함을 감수하면서까지 먹어야 할 필요성은 못 느낀다. 그래서 현미는 항상 시장에서 소외된다.

그러나 현미는 소비자들이 크게 간과하는 놀라운 특징이 있다. 그중 하나가 쌀눈(배아)이다. 백미에 없는 쌀눈은 벼의 생명력을 고스란히 품고 있는 영역이다. 쌀눈 없는 백미를 오랜 시간 물에 불려 놓으면 썩고 만다. 이와 달리 현미는 물에 담가두고 온도를 적절히 맞춰주면 쌀눈 덕분에 싹이 튼다. 이것만으로도 현미야말로 생명력 있는 전체식품임을 알 수 있다. 모름지기 영양성분 외에 이렇게 생명력을 함께 먹는 것이 건강에 유익함은 불문가지인데, 이런 사실이 대중에게 무시되고 있음은 안타까운 일이다.

현미는 쌀눈의 생명력 외에도 영양가와 기능성이 전체적으로 백미보다 우수하다. 그동안 그저 적당히 나을 것이란 생각만 하고 있었다면, 사실을 제대로 파악한 뒤엔 그것이 상당히 잘못된 선입견이었음을 깨닫게 된다.

우선 현미는 백미에 비해 거의 모든 영양성분이 우수하다. 농촌진흥청이 2016년 펴낸 '국가식품성분 분석표(9개정판)'의 내용을 토대로 100g 기준 한국인이 많이 섭취하는 '호품벼'의 현미와 백미 영양 성분 차이를 살펴보자.

이 분석표에 따르면 우선 에너지는 현미가 백미에 다소 뒤진다. 현미는 343kcal인데 비해 백미는 354kcal이다. 이는 탄수화물 함량이 현미 73.89g에 비해 백미는 77.2g인 것이 주원인이다. 총식이섬유는 현미가 백미보다 4배가량 많다. 탄수화물과 총식이섬유의 이러한 차이는 현미가 백미보다 비만을 초래할 가능성이 적어 그만큼 건강에 유익하다는 의미로 해석될 수 있다.

현미는 이밖에 아미노산과 지방산, 무기질, 비타민 등의 함량에서 백미를 거의 능가한다.

현미의 총아미노산 함량은 6,155mg으로 백미의 5,642mg보다 많다. 그 가운데 라이신을 비롯해 이소루신, 루신, 메티오닌, 페닐알라닌, 트레오닌, 트립토판, 발린, 히스티딘 등 대부분의 필수아미노산 함량이 높다. 현미의 라이신은 백미보다 2배 가까이 높다. 라이신은 생체의 성장 촉진, 근육 소실 억제, 골다공증 개선, 면역력 증가, 백내장 완화 그리고 심장질환 예방 등을 돕는 기능성 물질이다.

티로신, 알라닌, 아스파르트산, 글리신, 프롤린, 세린 등의 비필수아미노산 함량도 현미가 백미보다 높다. 다만 현미는 필수아미노산 중 아르기닌과 비필수아미노산 중 시스테인, 글리신 등의 함량이 백미에 비해 다소 적을 뿐이다.

현미의 총지방산 함량도 백미보다 2배 이상 높다. 우선 총필수지방산은 현미가 백미보다 2.6배 많다.

총포화지방산 가운데 미리스트산, 팔미트산, 스테아르산, 아라키트산, 배헨산, 리그노세르산, 팔미톨레산, 올레산, 박센산, 가돌레산 등이, 총다중불포화지방산 가운데 리놀레산, 알파리놀렌산, 오메가3지방산, 오메가6지방산 등이 현미에 더 많이 들어 있다.

올레산은 혈청 콜레스테롤 농도는 낮추고 좋은 콜레스테롤(HDL)의 농도는 저하시키지 않아 고지혈증 예방에 도움 주는 물질인데, 현미의 함량이 백미의 4배 정도다. 리놀레산은 리놀렌산과 함께 비타민F로도 불리는데, 현미가 백미보다 3배가량 많다. 오메가3지방산은 세포를 보호하고, 세포의 구조를 유지시키며, 원활한 신진대사를 돕는다. 또한 혈액의 피막 형성을 억제하고, 뼈의 형성을 촉진시키는 동시에 강화하는 효과도 가져온다. 이를 현미가 백미의 3배나 함유하고 있다.

현미의 미네랄 함량도 우수하다. 셀레늄과 몰리브덴, 구리 등은 현미와 백미의 차이가 거의 없지만 그밖에 칼슘, 철, 마그네슘, 인, 칼륨, 나트륨, 아연, 망간 등에서 현미의 함량이 앞선다. 칼슘은 현미가 백미의 2.5배, 철은 현미가 백미의 거의 5배에 달한다. 마그네슘은 현미가 백미의 4.5배, 인은 현미가 백미의 3배 정도를 나타낸다. 또 칼륨은 현미가 백미의 3배, 망간은 현미가 백미의 2.5배를 각각 나타낸다.

비타민류의 함량 역시 알파토코페롤 외에는 모든 종류에서 현미가 앞선다. 베타카로틴은 혈청지질 과산화물 감소, 적혈구의 활성 증가 등을 통해 인체의 항산화 활성을 돕는 물질이다. 이는 백미에 없지만 현미에는 4mg 들어 있다.

비타민B_1은 현미가 백미의 거의 4배다. 비타민B_1은 신경계, RNA, DNA 등의 생산에 관여하며 포도당 대사에 필수적인 기능을 한다. 비타민B_2는 현미가 백미의 3배 정도다. 비타민B_2는 인체의 발육 촉진에 관여하는 중요한 물질이다.

엽산은 현미가 백미의 2배정도다. 엽산은 새로운 세포와 혈액을 생성하는 데 중요한 기능을 한다. 비타민E는 현미가 백미의 4배정도다. 비타민E는 일부 신경성 질환과 죽상동맥경화증을 막아주는 효과가 있다. 니아신, 판토텐산, 피리독신, 비오틴 등도 현미가 백미를 다소 앞선다.

찹쌀도 현미가 백미에 비해 거의 모든 영양성분이 우수하다. 한국인이 주로 섭취하는 '동진찰벼'의 100g당 현미와 백미 간 영양 성분 차이를 살펴보면 총당류는 전자가 후자에 비해 6배 정도 많다. 총식이섬유도 현미찹쌀이 백미찹쌀에 비해 3배 이상 많다.

총지방산도 총필수지방산, 총포화지방산, 총단일불포화지방산, 총다중불포화지방산 등의 영역에서 현미찹쌀이 백미찹쌀에 비해 거의 2배 함량을 타나낸다.

무기물은 나트륨은 동일하고 셀레늄은 약간 부족하지만 칼슘 등 다른 종류가 모두 현미찹쌀의 함량이 백미찹쌀을 앞선다.

비타민류도 모든 종류에서 현미찹쌀이 백미찹쌀을 능가한다. 감마토코페롤과 알파토코트리에놀 성분은 백미찹쌀에 없지만 현미찹쌀에는 각각 0.08mg 및 0.46mg 들어 있다.

이상과 같이 현미와 현미찹쌀은 백미 및 백미찹쌀에 비해 수십 종류의 기능성 물질 함량이 우세하다. 다른 곡물들도 통곡물 상태에서는 많은 기능성물질을 다량 함유하는 것으로 알려져 있다. 이들은 대체로 인체의 면역 기능 등 건강 증진 기능을 담당하는데, 영특한 인간이 이들을 날려버려 제 꾀에 넘어가는 우를 범하고 있다. 백미와 백미찹쌀 등 겉부분을 깎은 곡물은 대자연의 시각으로 볼 때 고장 난 식품들이다. 그럼에도 불구하고 흰쌀밥에 대한 믿음과 짝사랑을 버리지 못하는 현대인들이다.

과일류와 채소 껍질의 기능성

페놀산은 피토케미컬의 일종이다. 피토케미컬은 식물이 해충, 바이러스, 나쁜 기후 등으로부터 자신을 보호하기 위해 만드는 물질로, 이에는 페놀산과 함께 카로티노이드, 알칼로이드, 질소화합물, 유기황화합물 등이 있다. 이들 피토케미컬 성분을 섭취하면 인체의 면역체계가 튼튼해져 건강이 증진되는 것으로 알려져 있다. 피토케미컬은 상당수의 과일, 채소, 곡물류에서 발견되는데 과일의 경우 껍질에 많이 들어 있다. 이 가운데 페놀산 성분은 강한 항산화 작용과 항염증, 항균, 항바이러스 등의 작용을 한다. 이로 인해 암, 심장질환 등 특정 질환의 발병을 낮추고, 관절염 등 염증성 질환의 증세를 완화하며, 활성산소로 인한 세포 손상을 막는 기능을 한다. 각종 세균과 바이러스 침투로 인한 질병 발생을 예방하는 효과도 가져온다.

'국가식품성분 분석표'에 따르면 과일 말린 껍질 100g당 사과 '후지' 15, 사과 홍옥 3, 복숭아 백도 47, 복숭아 천도11, 한라봉 10, 배 신고 17mg의 페놀산이 각각 함유돼 있다. 과일은 대부분 껍질과 과육에 페놀산 성분이 함께 들어 있는데, 일부 과일은 껍질에 두드러지게 많다. 한라봉(껍질 10, 과육 1mg)과 배 신고(껍질 17, 과육 4mg)가 그런 경우다. 이는 과일을 껍질째 먹어야 하는 이유를 잘 설명해준다.

또 말린 껍질 100g당 페놀산이 호박고구마 74, 밤고구마 39, 자색고구마 48mg 각각 들어 있다. 특히 호박고구마는 말린 것 100g당 알맹이의 4mg에 비해 껍질의 페놀산 함량이 월등히 많아 역시 껍질째 먹는 식습관이 매우 중요함을 보여준다.

플라보노이드도 페놀산처럼 인체에 매우 유익한 기능을 하는 물질이다. 이는 음식을 통한 섭취로 인체에 들어가면 항염증, 항알레르기, 항산화, 항혈전, 항당뇨, 항암, 신경 보호 등의 효과를 나타낸다. 특히 플라보노이드는 항산화 기능이 뛰어난 폴리페놀 계열의 화합물로 활성산소 억제를 통해 면역력을 높이고, 질병을 예방하며, 노화를 지연시키는데 크게 기여하는 것으로 알려져 있다.

과일 껍질에는 이 플라보노이드 성분 함량이 많다. '국가식품성분 분석표'에 따르면 말린 껍질 100g당 총플라보노이드 함량은 한라봉 3,293, 포도 '캠벨' 186, 포도 '거봉' 89, 청포도 39, 자몽 7,188, 용과 149, 오렌지 1,510, 애플망고 206, 사과 '아오리' 467, 사과 '후지' 473, 배 76, 망고 59, 레몬 2,314, 감귤 3,232mg 등이다.

이들 과일은 대부분 과육보다 껍질에 플라보노이드 함량이 월등히 많다. 자몽(껍질 7,188, 과육 1,531mg), 한라봉(껍질 3,293, 과육 888mg), 용과(껍질 149, 과육 4mg), 감귤(껍질 3,232, 과육 816mg), 사과 '후지'(껍질 473, 과육

29mg), 사과 '아오리'(껍질 467, 과육 25mg), 레몬(껍질 2,314, 과육 956mg) 등이 그런 예들이다. 이로 미뤄보더라도 껍질을 깎아버리고 과육만 먹는 것은 우매한 식사법임을 알 수 있다.

또 꼬투리의 총플라보노이드 함량은 작두콩 35, 완두 553mg 등으로, 이들 역시 열매만 먹는 것보다 꼬투리를 함께 식용하는 것이 좋음이 밝혀졌다.

이상의 과학적 연구 결과를 종합하면 과일과 곡식을 비롯한 농산물은 웬만하면 껍질째 먹는 식습관을 정착시키는 일이 매우 중요함을 알수 있다. 하지만 현실에서는 이같은 중요성이 무시되는 경향이다. 물론 농약 잔류 가능성 때문에 껍질을 없애고 먹는 이들이 많지만, 더 근본적으로는 먹는 데 따른 불편 때문에 이런 식습관을 되풀이한다. 통째로 먹는 농산물은 메디컬 푸드 역할도 하게 되는데, 사람들은 이에 별반 관심이 없다.

현대인의 입은 정녕 간사해졌다. 입에 걸리적거리는 것을 싫어하다보니 심지어 유기농 과일조차 껍질을 깎아내고 보드라운 과육만 먹는 일도 발생한다. 창조주가 보기에 정녕 어처구니없는 일일 것이다.

기타 식품

과일과 곡류 등만이 바벨탑의 함정에 빠져 있는 것이 아니다. 주요 식품들이 대부분 전체식품이 아닌, 부분식품의 덫에 걸려 있다.

사탕무와 사탕수수가 전체식품인 반면 이를 가공해 분리해낸 것이 설탕이란 부분식품이다. 원료 농산물의 섬유소 등 다른 영양물질들을 제외하고, 이렇듯 달콤한 성분만 추출해 많이 먹게 되니 비만 등 부작용이 따르는 것은 당연한 일이다.

콩도 그 자체를 먹기보다 두부로 만들어 먹는데 익숙해졌다. 콩은 조물주가 그 자체로는 많이 먹을 수 없게 만들어 놓았다. 계속 먹기 부담스러워 일정량 먹으면 숟가락을 놓게 된다. 밥에 올린 콩이나 장조림 한 것이 그렇다. 하지만 이를 두부로 만들면 부드러워 맛있게 먹을 수 있다. 두부의 식물성단백질이 인체에 순기능을 하는 것도 사실이다. 콩기름도 식생활에 편리하게 이용된다. 그러나 이렇게 두부나 콩기름을 생산하고 남은 비지 등도 섬유질이 풍부해 몸에 필요한 식품이다. 먹기 불편하다는 이유만으로 이를 가축에게 주고 마는 현실은 부분식품으로 인해 영양이 편중된 식탁을 만드는 데 기여할 따름이다.

낙지와 오징어는 나쁜 콜레스테롤(LDL)을 함유해 자주 먹으면 각종 성인병이 초래될 수 있다. 그런데 신비스럽게도 이들 해산물에는 검은 먹물이 함께 들어 있다. 이는 낙지, 오징어가 공격을 받았을 때 도망치기 위해 내뿜는 물질인데, 그 안에 타우린이란 약리 성분이 포함돼 있다. 이는 나쁜 콜레스테롤이 인체에 쌓이지 않게 도와주는 물질이다. 이렇듯 전체식품에는 조물주의 신비로운 배려가 담겨 있는데, 인간들이 이를 제거한 상태로 오징어, 낙지를 먹어 문제가 야기된다.

소금도 그렇다. 현대인의 식탁에 오르는 소금은 대부분 하얗고 뽀송뽀송하게 만든 정제염이다. 이는 천일염에서 다양한 천연 미네랄을 제거하고 짠맛 나는 염화나트륨만 고도로 농축해 만든 것이다. 천일염은 희고 깨끗하지 못해 왠지 문제 있는 것처럼 보이지만 사실은 각종 미네랄이 균형 있게 갖춰진 전체식품이다. 따라서 짠맛이 가져오는 부작용을 커버하는 기능이 있다. 그럼에도 불구하고 희고 부드러운 정제염만 찾는 것이 오늘의 인간이다.

생선도 전체를 골고루 먹지 않고 주로 보드라운 뱃살만 떼어내 먹는다. 생선의 대가리와 지느러미, 꼬리, 내장 등은 각기 다른 영양소를 지녔다. 대가리만 해도 주둥이, 아가미, 뇌, 눈알 등 각 부위마다 지닌 천연 미네랄과 비타민이 다르다. 그래서 뱃살만 발라 먹는 것은 다른 좋은 영양소들을 포기하는 것과 같다. 그런데도 대중은 별반 다른 판단 없이 부분만 섭취하는 식습관을 반복한다.

자연주의 식이철학, 일물전체식의 지혜

입에 달고 부드러운 것만 반복적으로 골라 먹는 것은 각종 미네랄과 비타민, 생리활성물질 등의 결여로 우리 몸이 마치 휘발유만 넣고 윤활유는 얼마 넣지 않은 채 도로 위를 달리는 자동차와 같아진다. 그러니 자동차는 내구연한이 오래 가지 못하고 자주 정비소를 드나들게 된다.

일물전체식(一物全體食)은 하나의 식품은 전체를 통째로 먹어야 건강에 좋다는 자연주의 식이철학이다. 이 철학이 오늘의 식탁에서 빈곤해졌다. 과일과 곡식을 통째로 다 먹고, 채소도 뿌리부터 잎, 줄기까지 함께 다듬어 먹는 지혜가 사라졌다. 겉으론 화려해 보이지만 내용은 부실한 식탁이다. 외형만 요란한 바벨탑은 한 순간에 무너질 수 있다. 그런 붕괴의 전조가 전염성질환과 비전염성질환이 만연하는 형태로 나타나고 있다. 먹거리에 대한 인식과 태도 변화가 진정으로 필요한 시대다.

프랑켄푸드와 복제가축
식품의 그림자

O

'프랑켄푸드(Frankenfood)'란 프랑케슈타인(Frankenstein)과 음식(Food)을 합쳐 만든 말이다. 프랑켄슈타인은 서구의 공포소설 『프랑켄슈타인』의 괴기스런 주인공 이름이다. 음식 자체가 공포감을 준다고 하여 사람들이 그런 부정적 이름을 붙였다. 유전자조작농산물(GMO)이나 이를 원료로 만든 식품을 지칭한다. 복제가축의 고기는 생명공학 기술로 탄생한 복제동물로부터 얻는 육류이다.

식물 분야를 대표하는 이단아가 유전자조작농산물이라면, 동물 분야를 대표하는 이단아는 복제가축이라 할 수 있다. 이 둘은 안전성 논란을 끊임없이 불러일으키며 지구촌 가족의 식탁 분위기를 뒤숭숭하게 만들고 있다.

식탁 점령한 프랑켄푸드

프랑켄푸드는 이미 지구촌 가족의 식탁을 크게 점령했다. 인구가 많은 중국, 인도, 아프리카 등을 포함해 땅이 광활한 중남미 지역에서 유전자조작농산물이 광범위하게 생산되면서 식탁에서 기존 농산물들의 입지가 상당히 약화했다.

유전자조작농산물은 콩, 감자, 옥수수, 목화, 유채 등의 분야에서 위력을 나타낸다. 이들이 지구촌 경작 면적을 뒤덮다시피 하면서 생물다양성이 크게 훼손됐다. 세계 각 지역에서 오랜 세월 고유의 기후 풍토에 적응해온 수많은 품종들이 멸절할 수밖에 없는 처지가 된 것이다. 이 같은 결과는 종자 주권이 미국 등 특정 국가의 특정 회사에 집중돼, 나머지 국가와 그들 나라의 농민 대다수가 그 특정 회사에 심각하게 종속되도록 만든다. 생산성 때문에 매년 그 회사의 종자를 가져다 쓰지 않을 수 없게 되기 때문이다. 일단 유전자변형 농작물을 심으면 다음 해부터는 기존 종자를 이용한 관행 재배로 돌아가는 것이 거의 불가능하고, 이는 사회 경제적으로 매우 복잡한 문제를 파생시킨다.

이런 결과는 결국 소비자 불행으로도 이어질 수 있다. 왜냐하면 소비자들은 기존의 다양한 품종들로부터 얻을 수 있는 수많은 미시 영양소와 독특한 기능성 물질들을 잃어버리기 때문이다. 유전자조작농산물은 기껏해야 품목별로 몇 종류에 불과하다. 이들은 생산성을 바탕으로 거시 영양소를 충분히 제공할지는 몰라도, 미시 영양소와 기능성 물질들을 다양한 품종으로부터 섭취할 기회를 박탈해 사람들을 질병 위험에 노출시킬 수 있다. 그러므로 이는 긍정과 부정의 상반된 시각 속에 계속 논란의 대상이 될 수밖에 없는 실정이다.

찬반 논란 뜨거운 유전자조작농산물

유전자조작농산물을 찬성하는 쪽은 이를 개발한 몬산토 등 메이저 업체를 둔 미국이다. 미국에서도 소비자들은 반대하는 입장이 강한데, 몬산토의 힘에 휘둘리는 미국 정부가 농산물 수출을 늘리기 위해 유전자조작농산물의 개발 및 생산을 적극 지지한다. 이를 전 세계에 수출해 외화를 버는 캐나다와 아르헨티나, 콜롬비아, 브라질 등의 정부도 적극 찬성한다.

중국과 인도, 그리고 아프리카 국가들은 많은 인구를 먹여 살려야 하므로 이의 재배와 수입에 대체로 관대하다. 하지만 유럽연합(EU) 국가들은 대부분 유전자조작농산물의 생산, 수입, 가공 및 소비에 심하게 반대하는 입장이다. 그들의 부정적 여론이 프랑켄푸드란 신조어까지 등장시켰고, 이 용어는 유전자조작농산물의 확산과 맞물려 세계로 퍼지고 있다.

유전자조작농산물은 어떤 생물의 유전자 가운데 병해충, 가뭄, 추위, 제초제, 살충제 등에 잘 견디는 유전자만을 분리해 이를 다른 생물체에 주입하는 방법으로 개발한다. 또는 철분이나 비타민 등 특정 성분을 강화하는 방향으로 개발하기도 한다. 찬성론자들은 이를 통해 농작물의 생산성과 상품성이 향상되고, 덕분에 지구촌의 빈곤과 환경오염 문제를 해소하고 있다고 강조한다.

그러나 반대론자들은 유전자조작농산물이 지구촌 식량 부족 문제를 해결할 수 없다고 말한다. 그들은 한 예로 세계에서 가장 넓은 면적에 재배되는 한 유전자변형콩이 기존 콩에 비해 평균 5~10% 낮은 생산량을 보인다는 점을 들고 있다. 유전자조작면화를 재배하는 아르헨티나, 콜롬비아, 호주 등지에서는 이 면화 수확량이 기존 면화 수확량

수준에 머물고 있다. 또 유전자조작콩 재배에 투입되는 농약이 기존 콩 재배에 들어간 농약의 양을 능가한 경우도 발생했다. 비판론자들은 이 같은 사례를 들면서 반대 목소리를 높이고 있다.

인체에 부정적 영향 미칠 수 있다

유전자조작농산물의 또 다른 어두운 단면은 사람 건강에 미칠 수 있는 부정적 결과다. 이미 동물을 대상으로 한 각종 실험 결과 면역계 손상 가능성이 크게 제기됐으며 피부, 간, 신장 등에 악성 질환을 야기하고 불임을 초래할 우려가 있음이 밝혀졌다. 이같은 가능성은 몇 세대가 지난 시점에서 실제 문제로 이어질 수도 있어 전문가들의 경고가 수그러들지 않는다

소비자단체들은 전 세계 주요 도시에서 동시에 규탄대회를 열기도 한다. 이들은 '프랑켄푸드가 당신을 집어먹기 전에 그것을 먼저 물어뜯으시오!(Frankenfood! Bite some before it bites you.)'라는 구호를 내걸고 반대 운동을 전개하기도 하는 실정이다.

그럼에도 불구하고 유전자조작농산물과 이를 원료로 사용한 가공식품들의 공세는 예사롭지 않다. 이들 프랑켄푸드는 유럽을 제외한 전 세계의 식품 매장을 파고들어 기존 식품들을 밀어내고 있다. 우리나라는 세계 2위의 유전자조작농산물 수입국이다. 매년 사료용을 포함해 무려 8백만t정도의 콩, 옥수수, 유채씨앗 등을 수입한다.

두유는 대부분 유전자조작콩으로 만든다. 어린이와 어른이 아침식사 대용으로 즐기는 시리얼도 미국이나 인도산 유전자조작농산물로 만드는 경우가 많다. 배합사료에는 거의 100% 유전자조작 옥수수, 대두박,

면화씨 등이 들어간다. 그러니 이를 먹고 자란 가축의 고기는 제2의 유전자조작 식품이라 해도 과언이 아니다.

콩기름, 옥수수기름, 카놀라유 등도 거의 100% 유전자조작농산물을 원료로 만든 것이다. 심지어 우리 음식에 기본적으로 이용되는 조미료인 간장의 원료도 대부분 유전자조작콩이다. 이밖에 빵, 과자, 각종 음료수와 비타민제, 기능성 건강식품, 그리고 심지어 막걸리에까지 이용되니, 이제 유전자조작농산물이 바탕이 된 프랑켄푸드의 공세로부터 벗어나기란 거의 불가능한 시대가 되고 말았다.

소비자 시선 따가운 복제동물 식품

복제동물의 식품도 머잖아 일반인의 식탁을 상당히 점령할 것으로 보인다. 복제동물은 지난 1996년 스코틀랜드 로슬린연구소에서 처음으로 체세포 복제 양 '돌리'를 탄생시키며 이목을 집중시켰다. 그후 체세포를 이용한 동물 복제 기술이 확산돼 소, 돼지, 염소, 고양이, 개, 노루, 말, 사슴, 토끼, 노새, 쥐, 잉어, 늑대 등 다양한 동물들이 복제되었다.

동물은 애완용, 질병 치료용, 식품용 등으로 복제된다. 애완용 복제는 주로 개와 고양이를 중심으로 이뤄진다. 미국인의 3분의1이 애완동물 복제를 희망할 정도로 이 분야가 각광받아 벌써 애완동물 복제 전문회사도 여럿 생겨났다. 명견(名犬), 혹은 명마(名馬) 등의 복제를 통해 높은 상업적 성과를 거두는 회사들도 있다. 질병 치료용 복제는 인간의 장기를 대체하는 무균(無菌)돼지 등의 분야에서 이미 괄목할만한 성과가 나타났다.

식품용 동물복제는 고기와 젖 등을 얻기 위해 진행한다. 빠르게 비육되는 돼지, 우유 생산량이 많은 젖소 등이 이미 개발돼 돼지고기와 우유 생산에 활용되고 있다. 또 복제가축을 통해 프리미엄급 쇠고기, 느끼하지 않은 돼지고기, 유용한 단백질이 많은 토끼젖 등이 생산돼 특수 경로를 통해 소비자에게 다가가기도 한다. 미국 식품의약국(FDA)은 복제가축 식품의 위험성을 평가한 결과 안전성에 문제가 없다고 이미 밝힌 바 있다.

기업의 탐욕 앞에 대중 건강은 뒷전으로

그러나 아직은 복제가축 식품에 대해 따가운 시선이 많다. 유럽위원회(EC) 산하 '과학과 신기술 윤리에 관한 유럽 그룹(EGE)'이나 미국 소비자연합(CFA)' 등은 '복제 대리모와 그 새끼가 겪는 질병 등을 감안할 때 복제가축의 식품을 사람이 먹는 것은 문제가 있다'는 입장이다. 실제로 그동안 복제동물이 기형, 과체중, 간 비대, 출혈, 신장 이상, 호흡기 질환 등을 나타냈다는 연구논문들이 발표됐다. 제 수명을 다하지 못하고 죽은 사례들도 잇따라 발표됐다. 그렇다고 해서 모든 복제동물이 질병이 심각한 것은 아니지만, 이런 연구 결과들은 복제가축을 식품으로 이용했을 때 인간의 건강에 미칠 부정적 영향을 불식시키기 어려움을 반증한다.

그렇더라도 복제동물 식품이 언젠가는 마트에 대거 등장할 것으로 보는 전망이 많다. 아직은 복제 비용이 만만찮아 산업화에 걸림돌로 작용하고 있지만, 기술이 더 발달해 이 문제를 해결한다면 식품산업 진입이 활발해질 것이다. 돈에 대한 기업의 탐욕 앞에 대중의 건강은 뒷전으로 밀릴 수밖에 없다.

PART

5

'질서의 밥상' 제안

'혼돈의 밥상'을 거두고 '질서의 밥상'을 차리는 일이 시급하다. 더 이상 식탁의 바벨탑을 쌓지 말아야 한다. 이를 위해 태초의 본모습을 회복하려 노력하고 '신자연주의 밥상', '통곡물 식사' 등에 관심을 가져야 한다. 야생의 바이러스를 불러내는 위험한 짓은 그만해야 한다.

본모습을
되찾자

O

21세기의 인간은 본디모습을 너무 많이 잃어버렸다. 언제부턴가 태초의 순수한 성정과 조화로운 모습을 상실한 채 욕심으로 가득 찬 공룡처럼 변해버렸다. 『구약성경』 창세기편에는 태초에 이 세상이 어떠했는지 그 정황이 잘 묘사돼 있다.

'태초에 하나님이 천지를 창조하시니라. … 땅이 풀과 각기 종류대로 씨 맺는 채소와 각기 종류대로 씨 가진 열매 맺는 나무를 내니 하나님이 보시기에 좋았더라. … 물들은 생물을 번성하게 하라, 땅 위 하늘의 궁창에는 새가 날으라 하시고 … 큰 바다 짐승들과 물에서 번성하여 움직이는 모든 생물을 그 종류대로, 날개 있는 모든 새를 그 종류대로 창조하시니 하나님이 보시기에 좋았더라. … 땅은 생물을 그 종류대로 내되 가축과 기는 것과 땅의 짐승을 종류대로 내라 하시니 그대로 되니라. … 하나님이 자기 형상 곧 하나님의 형상대로 사람을 창조하시되 남자와 여자를 창조하시고 … 이르시되 생육하고 번성하여 땅에 충만하라, 땅을 정복하라, 바다의 물고기와 하늘의 새와 땅에 움직이는 모든 생물을 다스리라 하시니라. … 온 지면의 씨 맺는 모든 채소와 씨 가진 열매 맺는 모든 나무를 너희에게 주노니 너희의 먹을거리가 되리라. 또 땅의 모든 짐승과 하늘의 모든 새와 생명이 있어 땅에 기는 모든 것에게는 내가 모든 푸른 풀을 먹을거리로 주노라 하시니 그대로 되니라. 하나님이 지으신 그 모든 것을 보시니 보시기에 심히 좋았더라. … 천지와 만물이 다 이루어지니라.'

이 기록대로라면 천지가 창조된 때에 최초의 인간들은 바다에 번성하는 생물과 땅의 짐승, 열매 맺는 나무, 채소, 풀 들에 둘러싸여 그들을 다스리며 조화롭게 살았음을 짐작할 수 있다. 창세기 곳곳에 반복된 표현, 즉 '하나님이 보시기에 좋았더라'라는 기록을 통해 이를 충분히 미뤄 알 수 있다. 오늘날, 과학이란 미명하에 기계화되고 물질 만능화된 현대인의 삶과 대조되는 모습이다. 우리는 그런 태초의 출발점으로부터 너무 멀리 지나왔다.

인간은 신에게서 부여받은 권한, 즉 땅을 정복할 권리를 유감없이 발휘했다. 그래서 자연을 정복하고 도시를 건립했다. 그런데 최근에는 거기서 한참 더 나아가 하늘을 찌를 듯한 마천루들을 잇달아 건축하고, 우주선을 발사해 다른 행성들까지 오가고 있으며, 복제인간을 만드는 상황에까지 이르렀다. 똑똑함이 극에 달해 끊임없이 바벨탑을 쌓아 올렸고, 신의 영역에까지 도전하는 지경에 이른 것이다. 현대인의 비극은 이렇게 하여 탄생했다.

바벨탑을 낮춰라

바벨탑은 인간의 교만의 상징이다. 신은 노아의 홍수로 이 세상을 쓸어버린 후 다시는 물로 심판하지 않겠다고 하늘에 무지개를 걸어 약속했다. 그런데 그 뒤로도 인간이 욕심과 교만을 내려놓지 않자 이번엔 인간이 만든 바벨탑을 문제삼았다.

바벨탑은 인간이 하늘까지 닿는 탑을 통해 신에게 다가가려고 쌓은 것이다. 신은 인간의 교만이 갈 데까지 간 것을 알고 이번에는 번개를 내려보내 탑을 붕괴시켰다. 그리고는 인간들을 서로 언어가 통하지 못하도록 해 각지로 흩어지게 함으로써 탑을 건설하지 못하게 했다. 이 내용은 창세기 11장에 전해진다. 그러나 그 후로도 인간은 바벨탑 쌓기를 멈추지 않았다. 그 바벨탑은 근래 들어와 농장과 식탁 위에서도 빠른 속도로 올라왔다. 몸집이 백악기 육식 공룡처럼 무시무시하게 커졌고, 겉모습도 휘황찬란 화려해졌다.

요즘 채소, 과일, 곡식을 생산하는 농장에 가보면 그곳에 바벨탑이 얼마나 요란하게 건립되고 있는지 알 수 있다. 이 책의 〈제1장〉에는 그런 농장 바벨탑의 적나라한 모습이 묘사돼 있다. 씨앗이 사라지고, 설탕처럼 단맛만 넘쳐나며, 어린애 머리처럼 형체만 크고 육질이 옹골차지 못한 과일들은 인간이 꾀를 부려 쌓은 '먹는 바벨탑'의 전형적 모습들이다. 양액 재배로 부피와 때깔만 요란해지고 기능성과 실속이 감소해 오래

가지 못하는 채소들도 마찬가지다. 작고 볼품없어도 다양한 기능성 물질들이 고차원적 균형을 이뤄 건강에 이로운 토종과 재래종들이 사라지고, 외형만 요란한 신품종들이 바벨탑의 과실들로 가득가득 열려 있다.

〈제2장〉에서 보듯 가축을 기르는 농장이나 양어장 풍경도 다를 바 없다. 고기를 더 많이 얻으려고 황소와 수퇘지를 거세해 모두 중성으로 만들고, 닭과 젖소에서 달걀과 우유를 무모할 정도로 많이 뽑아내 가로챈다. 닭고기는 날아다니며 활동하는 조류의 천성이 억압된 채 배합사료 덕분에 한 달 만에 부풀어지는 식품이다. 물고기들도 닫힌 공간에서 속전속결로 사료와 교환해 얻는 상품이다. 이렇게 생산된 농산물, 축산물과 수산물들은 〈제4장〉에서처럼 각종 식품첨가물과 튀김기름 등의 도움으로 소비자들의 입맛을 유혹한다. 이렇게 해서 식탁의 바벨탑은 요란하고 화려한 외형을 드러내게 된다.

그러나 이는 사상누각이다. 겉은 풍부한 물량과 색깔로 그럴싸해 보이지만 내실은 그렇지 못하다. 날마다 식탁의 바벨탑에 둘러앉는 현대인들은 잘못된 먹거리들로 질병의 위험을 방어하는 기능이 약해 〈제3장〉에서처럼 각종 전염성질환과 비전염성질환에 시달린다. 그러므로 이제부터라도 무리하게 쌓아 올린 식탁의 바벨탑 높이를 낮춰야 한다.

이를 위해 대자연의 관점에서 비정상적이고 괴기스러운 농축수산물 생산 관행을 타파하고, 농장에서부터 식탁에 이르기까지 모든 생산, 가공, 유통 및 소비 관행을 정상 궤도로 돌려놓아야 한다. 그런 점에서 생산부터 소비에 이르기까지 물량 및 외형 제일주의에서 벗어나 내실을 중요시하는 생태학적 패러다임이 정착돼야 한다.

이런 방법으로 인간은 본래의 조화롭고 순수한 식탁을 되찾아야 한다. 가장 좋은 것은 창세기 풍경과 같은 상태로 돌아가는 것일 게다. 하지만 그렇게 하기란 불가능하므로 현실적으로 가능한 방법을 찾아야 한다. 자연 친화적인 농사법, 이를 테면 친환경농업이나 유기농업 등이 그런 대안이 될 수 있을 것이다. 생산비가 다소 더 들더라도 이제는 이에 관해 더 많은 고민을 해야 한다. 그렇게 할 때 인간은 제 꾀에 넘어가 나무에서 떨어지는 원숭이 신세를 면할 수 있다. 일부 선진국에서 농축수산물 생산에 생태적 방법을 적극 도입해 문제를 근본적으로 해결한 사례를 반면교사로 삼을 필요가 있다.

동물복지와 식물복지

생태농업으로 적극 도입할 가치 있는 것이 동물복지와 식물복지 농사다. 이 둘은 건전하게 기른 농작물과 가축을 바탕으로 인간의 건강과 복지를 실현하기 위한 것이다.

동물복지는 유럽연합에서 출발해 생태 축산을 대표하는 개념으로 자리매김하고 있다. 유럽연합은 일찍이 광우병으로 수백만 마리의 소가 도축되고 사체가 불태워지는 등 대혼란을 겪었다. 유럽에서는 광우병 외에도 구제역과 소브루셀라, 돼지오제스키병 등 가축에게 치명적인 전염병들이 속출해 천문학적 비용이 초래했으며, 이것이 집약축산의 제반 문제점에 대한 성찰로 이어졌다. 그 결과 도입된 것이 동물복지 개념이다.

동물복지는 인간이 아닌, 동물 입장에서 그들을 대하자는 것이다. 생산성 향상을 위해 비윤리적이거나 반자연적인 기술을 적용하지 않고, 가축의 생명을 존중하며 그들을 자유로이 성장하도록 배려하자는 내용이다. 이는 표면상 동물을 위한 것이지만 실제로는 인간을 위한 것이다.

유럽연합은 동물복지의 일환으로 성장촉진제 사용을 전면 금지한 것을 비롯해 산란계의 케이지와 임신돈의 스톨(stall), 송아지 사육상자 사용 등을 불법으로 규정했다. 가축마다 적절히 운동할 수 있는 공간과 초지를 마련할 것도 주문했다. 이에 따라 닭이 모래목욕하거나 둥지에 올라 알 낳고, 돼지가 굴토성을 보장받으며, 소는 초지에서 편안히 풀 뜯는 행복한 생활을 부여받았다. 그 결과 악성 가축질병이 크게 감소하고, 축산물의 안전성이 향상되는 등 일거양득의 효과가 나타났다. 물론 비용이 일정 부분 상승했지만, 이는 정부와 소비자들의 지원으로 해결할 수 있었다.

동물복지는 아직 우리나라를 비롯한 많은 나라에서 제대로 시행하고 있지 않다. 집약축산에 비해 비용이 만만찮기 때문이다. 그러나 이는 거시적 관점에서 악성 가축 전염병을 완화하고 안전성 높은 축산물을 식탁에 올려 국가 보건비용 발생을 크게 줄일 수 있는 방법임을 직시해야 한다. 따라서 개별 축산농가에 손실이 발생하지 않도록 보조금 등 충분한 인센티브를 제공해 이의 시행을 과감히 앞당길 필요가 있다. 이를 불필요한 예산 낭비로 볼 일이 아니다. 밥상의 종말을 막기 위한 거시적 조치로 받아들여야 한다.

농장 식물의 재배에도 복지 개념을 도입할 필요가 있다. 축사에 갇혀 사료 먹고 살만 불리는 신세의 가축들처럼 농작물들도 비닐하우스 등에서 영어(囹圄)의 신세를 면치 못한다. 이런 농사법은 생산량 증대를 가져오지만, 지극히 반자연적인 것이어서 인간의 건강 추구권 실현에 역행할 수 있다.

말 못하는 식물이지만 외부로부터 충격을 받으면 방어 본능을 나타낸다. 반대로 좋은 음향 등과 같은 행복 에너지는 식물의 성장과 결실을 견인한다. 예를 들어 새소리나 바람소리 같은 그린 음악(Green Music)은 식물 세포를 안마하듯 건드리는데, 이때 세포 속의 원형질은 공명현상을 일으켜 원형질 운동이 활발해진다. 이로 인해 양분이 잘 흡수돼 작물이 건강해지며 생산량이 늘어나는 효과가 따른다. 이렇게 건강하고 행복하게 자란 농작물은 인간의 건강과 행복을 받쳐주게 된다. 결국 식물복지는 이를 식용하는 소비자의 건강과 복지를 위한 것이다.

식물복지를 실천하는 방법으로 유기농업, 무농약농업, 생명농업, 녹건농법 등을 들 수 있다.

유기농업을 정착시키는 데는 수년이 걸린다. 토양 등 생태계가 농약, 화학비료 등으로 망가져 이를 정상으로 회복시키기까지 시간이 걸릴 수밖에 없다. 그 기간 동안 농부는 상당량의 수확량 손실을 감수해야 한다. 이 때문에 관행농업에서 유기농업으로 전환하기란 농민 개인의 힘만으로는 벅차다. 따라서 농장의 생태계가 되살아날 때까지 정부와 지방자치단체, 소비자단체 등의 지원이 필수적으로 뒤따라야 한다.

농약과 화학비료를 사용하지 않고 충분히 부숙된 퇴비 등으로 토양을 되살려 농작물에 유익한 곤충과 미생물들이 돌아오게 할 수 있다. 이렇게 하여 건강한 토양을 만들면 거기에 뿌리내린 농작물이 튼튼해져 병해충 피해를 덜 입고 양질의 농산물을 다수확할 수 있다. 이같은 방법으로 관행농법을 탈피해 소비자로부터 각광받고 소득도 높이는 농민들이 전국에 산재해 있다. 그러나 아직은 관행농법 농민들에 비해 소수이며, 그들이 거기 이르기까지 쏟는 노력은 감당하기 쉽지 않다. 그러므로 소비자와 손잡고 토양을 살려 건강한 농산물을 다수확할 수 있는 운동이 사회적으로 광범위하게 일어나야 한다. 유기농업 농가들이 수지맞는 농사를 짓고, 그들의 숫자가 크게 증가할 때 도시 소비자들이 식탁을 통한 건강과 복지 혜택을 십분 누릴 수 있게 된다.

무농약농사는 농약을 사용하지 않고 농사짓는 것이다. 이는 유기농업보다는 한 수 아래의 농사지만, 소비자를 농약 잔류 걱정에서 벗어나게 한다는 데 의미가 있다. 과일 등을 먹을 때 껍질을 깎거나 물로 지나치게 세척하는 것은 농약이 건강을 해칠까 우려되기 때문이다. 그러므로 농약만이라도 사용하지 않은 농산물이 마트에 대량 등장하게 하는 일도 매우 중요하다. 농작물이 농약을 뒤집어쓰지 않으면 식물복지가 상당히 실천되는 것이고, 이는 사람의 복지로 귀결된다.

생명농업이나 녹건농법, 태평농법 등은 자연계의 식물처럼 인위적인 간섭을 거의 하지 않고 농작물이 스스로 커나가게 하는 방법들이다. 농약 살포와 땅 갈기 등을 하지 않는데도 땅강아지와 지렁이가 경운기 역할을 대신해주고 비옥한 토양이 병충해를 예방하는 등 생태계가 농사를 도와 다수확하게 된다. 이런 농사법에 대한 연구와 확산에 정책 당국이 보다 많은 관심을 갖고 지원을 아끼지 말아야 한다.

인구수를 줄여야 한다

자연 친화적인 농사법은 철학적으로는 타당하지만, 21세기의 많은 인구를 먹여 살리기에는 역부족인 측면이 있다. 지구촌 인구는 기원전 500년 1억 명에서 2011년 70억 명으로 증가했으며, 2020년은 78억 명으로 불과 9년 사이 8억 명이나 늘어났다. 폭발적인 증가세다. 유엔 인구국은 앞으로도 인구가 계속 늘어 2100년에는 109억 명을 기록할 것으로 전망하고 있다.

이처럼 날로 증가하는 인구를 먹여 살리기 위해서는 과일 크기를 억지로 잡아 늘리고, 겨울에도 여름처럼 채소, 과일을 양산하며, 젖소에게서 일 년 내내 우유를 뽑아내고, 밤에도 전등을 밝혀 닭이 쉬지 않고 알을 낳게 하는 등 반자연적이고 가혹한 기술들이 동원될 수밖에 없다. 또한 숲을 들쑤셔 야생동물들을 사정없이 잡아먹는 행위가 광범위하게 발생할 수밖에 없다. 이같은 상태를 방치하면 식탁의 바벨탑은 결국 하늘을 찌를 것이고, 언젠가는 무너질 수밖에 없다. 신이 무너뜨리지 않더라도 대자연의 자정(自淨) 작용에 의해 저절로 그렇게 될 여지가 있다. 이미 우리는 세상을 뒤흔든 신종 코로나 바이러스의 공격 등을 통해 그 가능성을 절감하고 있다.

그러므로 어떻게 해서든 인구수를 줄여 나가야 한다. 인구수를 줄일 경우 당장 부닥치는 문제는 경제 성장의 동력이 약화되는 것이다. 어린이가 청년으로 성장해 계속해서 산업현장에 투입돼야 나라 경제가 정상적으로 돌아갈 수 있는데 인력 부족으로 그 반대가 될 수도 있다. 더욱이 젊은이가 부족하면 노인 세대를 떠받치는 데 한계가 노출되어 정책 당국은 고민이 커질 수밖에 없다.

그러나 상황이 그렇더라도 좀 더 거시적인 안목으로 적정 인구수에 대한 합리적 판단을 내려야 한다. 국제기구와 각국 정부, 특히 인구가 급속히 늘어나는 개발도상국 정부들은 인구 팽창으로 인한 부작용을 막기 위한 대책을 서둘러 마련해야 한다. 이미 지구는 폭발적으로 증가한 인간들로 인해 너무 무거워졌다. 밥상의 혼돈으로 인한 재앙을 막기 위해 팔을 걷어붙이지 않으면 안된다.

동물 생태계를 훼손하지 말아야 한다

자연계의 동물과 사람은 과거 각자 그들의 영역에서 무리지어 살았다. 사람은 도시와 농촌마을에서, 동물들은 숲 등지에서 자신들의 세계를 구축해 대를 이어왔다. 그래서 동물의 생태계와 인간의 생태계는 대체로 서로 분리되어 왔다.

다만 인간은 모든 생물을 다스릴 수 있는 권능을 바탕으로 동물을 지배해, 때로 그들을 먹잇감으로 사냥했다. 바다와 산야의 동물들은 먹이사슬에서 인간의 먹잇감이므로, 포획되어 식탁에 오르는 것도 어쩔 수 없는 그들 운명이다. 그렇지만 일반적인 동물 외에 혐오감을 불러일으키는 쥐, 박쥐, 뱀 등까지 잡아먹는 것은 지나친 부분이 없지 않다.

물론 가난하게 사는 이들에게는 쥐, 박쥐, 뱀 등도 귀한 단백질 공급원이다. 저개발국 주민들은 과거부터 간혹 이들을 잡아 밥상에 올렸으며, 요즘도 그렇게 하고 있다. 그런데 경제성장으로 먹고 살 만해진 오늘에도 그들의 식습관은 바뀌지 않는다. 인구가 증가해 도시에 아파트들이 빽빽이 들어서고, 이들 아파트에 거주하는 이들에게 팔기 위해 숲을 헤집어 박쥐와 구렁이, 쥐, 고슴도치, 원숭이 등을 닥치는 대로 잡아들인다. 개발도상국의 재래시장들은 이들 야생동물 매매가 늘 활발하다. 야생고기는 집에서 키운 것보다 더 좋다는 인식이 퍼져 혐오스러운 것들마저 인기리에 팔리곤 한다.

상황이 이렇다 보니 숲에서 야생동물의 몸에 기생해야 할 바이러스들이 졸지에 인간 세계로 불려 나오는 형국이다. 바이러스들은 과거엔 간간이 불려 나왔지만, 요즘은 도시가 확장하고 인구가 팽창하면서 대거 끌려 나오는 처지가 됐다. 이들은 존립의 위태로움을 느끼다가 종간

장벽을 넘는 변이를 통해 다른 중간 숙주동물에게로, 그리고 그 중간 숙주동물을 거쳐 인간에게 침투하는 일이 벌어졌다. 그리고는 인간의 몸 안에서 후손을 대량 복제해 밖으로 나오고, 다시 다른 인간들을 대거 감염시키는 악순환을 되풀이했다. 최근 수년간 지구촌을 시끄럽게 만든 에볼라, 사스 등 몇몇 바이러스와 2020년 세계를 강타한 신종 코로나 바이러스 등은 그렇게 해서 등장한 것들로 여겨진다.

바이러스들이 혐오식품을 먹는 인간들 때문에 사고를 쳤다고 단정할 수만은 없다. 바이러스를 연구하는 연구소 직원들의 고의 또는 부주의로 인간 세계에 퍼졌을 수도 있다. 또한 숲을 무분별하게 파괴해 도시와 골프장 등을 건립하고 그 과정에서 야생동물의 서식지가 사라져 동물의 바이러스가 인간 세계로 건너온 사례들도 있다. 그렇지만 어떤 경우든 간에 인간이 야생을 건드려 그들의 생태계를 교란시킨 것이 주요 원인임은 자명하다.

따라서 야생동물들의 생태계를 건드리지 않는 특단의 대책이 마련되고, 사람들은 그들의 생태계를 존중하는 방향으로 패러다임이 전환돼야 한다. 이는 인간의 피해와 종말을 막기 위해서도 매우 중요하고 긴급한 일이다.

그럼에도 불구하고 요즘도 서구 관광객들은 아프리카와 동남아시아의 관광지 및 밀림을 헤집고 다니며 사파리 여행이다 뭐다 하여 야생동물과의 접촉을 즐긴다. 현지에서 야생동물들을 잡아 요리한 것을 맛나게 먹는 관광객들이 부쩍 늘었다. 그들은 심지어 유럽의 대도시에까지 야생동물 고기를 운반해 그것으로 만든 미식을 즐긴다. 자연을 파괴해 끊임없이 공장과 도시를 건립하고 기후까지 변화시키고 있다. 바이러스의 공습을 막기 위해 경계되고 단속되어야 할 위험한 행위들이다.

얼굴 있는 농수산물과
시민지원농업

O

 '얼굴 있는 농수산물'이란 안전한 농식품, 진실성이 담보된 먹을거리를 말한다. 소비자가 생명밥상, 건강밥상, 행복밥상을 차리는 데 부족함이 없어 어디 내놔도 떳떳한 1차 상품을 의미한다. 이는 반자연적인 기술을 적용하지 않고 최대한 자연의 이치에 맞게 생산한 것이다. 그리하여 생산자는 이름과 사진 등을 당당히 드러낼 수 있는 농식품이다. 이런 농수산물 앞에서라면 생산자는 자랑스레 어깨를 펼 수 있고, 소비자들은 편안한 마음을 길어 올릴 수 있다.

 농약, 화학비료, 양액, 항생제 등의 사용으로 이런 농수산물을 만나기 어려운 혼돈의 시대다. 관행농법으로 생산하는 이들은 때로 이들 화학물질을 과도하게 사용해 잔류 문제를 일으키기도 한다. 소비자들이 이런 위험을 회피하는 방법은 친환경이나 품질인증, 해썹(HACCP), 무(無)농약, 무(無)항생제 등의 표시를 한 제품들을 구입하는 것이다. 그러나 이들은 관행농법으로 키운 농수산물에 비해 대체로 비싸 소비자로서는 부담을 느끼지 않을 수 없다.

그러한 비용 부담을 많이 덜면서 얼굴 있는 농수산물을 구입할 수 있는 경로들이 있다. 택배를 통해 꾸러미 형태로 집까지 배송받거나 인근의 로컬푸드 매장, 파머스마켓, 생협 매장 등을 방문하는 것이다.

'정' 주고받는 꾸러미 농수산물

꾸러미 형태로 받는 꾸러미 농수산물은 소비자 주문에 따라 생산자가 골판지 상자 등에 이것 저것 정성껏 포장해 보내주게 된다. 소비자는 굳이 매장을 찾지 않아도 건강한 농수산물을 손쉽게 손에 넣을 수 있다.

진실하고 안전한 꾸러미 농수산물을 배송받기 위해 과거에는 소비자가 발품을 많이 팔아야 했다. 생산 농어가를 일일이 찾아다니며 안전성 여부를 직접 확인하고 반복적 접촉을 통해 신뢰 관계를 구축해야 했다. 그렇지만 요즘은 인터넷과 스마트폰 등이 발달해 굳이 농장까지 쫓아다니지 않아도 된다. 이들의 동영상 화면만으로도 농장의 생산 실태를 어지간히 들여다 볼 수 있기 때문이다. 물론 더 안전하게 하려면 아무래도 현장을 방문해 농장주와 신뢰를 돈독히 하는 것이 좋을 것이다.

꾸러미 농수산물은 직거래를 하는 것이므로 유통비용이 절감되는 장점도 있다. 그러나 재배 과정에서 안전성과 진실성이 보장돼야 하므로 이에 따른 비용이 별도로 수반될 수 있다. 이 비용을 소비자들이 보상하는 관계가 정립돼야 한다. 이런 관계가 아니라면 진실하고 건강한 농수산물을 보장받기 쉽지 않다.

그래서 요구되는 것이 시민지원농업(Community Supported Agriculture)
이다. 이는 도시 소비자가 농가의 수지를 적절히 뒷받침해 안전 농산물
생산을 유도하고, 그 혜택을 소비자가 우수 농산물 형태로 돌려받으며,
생산자는 마음 놓고 생업에 종사할 수 있는 농업이다. 서구에서는 이런
체계가 일찍부터 적용됐으며, 우리나라도 최근 꾸러미 농수산물 운동
과 함께 이 체계가 자리 잡고 있어 다행이다.

시민지원농업은 소비자 자신이 생산자와의 결연 관계 속에 작게 실
천할 수 있지만, 전국의 지자체나 중앙정부가 이를 뒷받침할 때 훨씬 더
큰 효과를 발휘한다. 한 예로 2020년부터 임산부와 태아의 건강을 위해
일부 지자체와 농축수산식품부 등이 꾸러미 농수산물 구입비용의 일부
를 지원해주고 있는데, 생산자와 소비자가 반겨 꾸러미 농식품에 대한
소비가 크게 증가하는 추세다. 이처럼 시민지원농업은 얼굴 있는 농산
물 이용의 저변을 확대하는 데 중요한 역할을 하므로 점점 더 적극적으
로 적용 범위를 넓혀 갈 필요가 있다. 이는 혼돈의 시대에 질서의 밥상
을 마련하는 디딤돌 역할을 충실히 해낼 수 있는 장치다.

로컬푸드와 신토불이 식이철학

로컬푸드(Local Food)는 대부분 얼굴 있는 농수산물이다. 이는 그 지
역에서 생산된 것을 그 지역 주민들이 소비하는 개념의 식품이어서 생
산자는 진실성이 담보되지 않은 것을 출하할 수 없다. 하자 있는 농식
품을 내보냈다가는 당장 주민 불만이 귀에 들어오고, 해당 농어가는 불
이익을 감수해야 한다. 그 농어가는 로컬푸드 매장에 더 이상 얼굴을

내밀기 힘들다. 매장에서도 수시로 품질을 확인하므로 안전성을 속이는 행위는 원천적으로 거의 불가능하다.

로컬푸드 매장의 농수산물은 대체로 꾸밈이 없고 촌스럽다. 어리숙하고 순박한 사람의 성정을 닮았다. 겉모습이 화려하고 깨끗한 대형 할인점 농수산물과 근본적으로 대비된다. 하지만 외모는 부족해 보여도 내실이 있다. 생산 과정에서 반자연적이거나 무모한 기술이 덜 적용돼 그 안에는 '생명'과 농부의 '진심'이 담겨 있다. 그래서 로컬푸드는 흙과 자연의 질박한 성정을 닮은 것들이 주종을 이룬다.

로컬푸드는 신선도가 최고라는 점도 장점이다. 도소매 시장을 거치는 일반 농식품은 보통 3~6일 걸려 소비자 가정에 들어가지만 로컬푸드의 유통 기간은 보통 반나절에서 하루 정도다. 그러므로 농장에서 갓 수확한 것을 바로 먹는 것과 같아 이를 이용하는 것은 건강밥상을 차리는 매우 실질적인 방법이 된다. 로컬푸드 매장은 국내외에 실속 있고 전통 있는 곳들이 많다. 이들 매장에 들르면 농가에서 수제로 정성껏 만든 각종 가공식품들과도 만날 수 있다. 농가가 제 얼굴을 내걸고 제조한 것들이어서 가식이 없고, 그런 만큼 건강밥상, 생명밥상을 꾸리는 데 도움이 된다.

로컬푸드는 신토불이(身土不二)와 비슷한 개념이다. 신토불이는 내가 발을 딛고 살아가는 땅과 내 몸은 물질적으로 순환하므로, 가급적 제 고장에서 나온 농식품을 먹는 것이 체질에 맞고 건강에 좋다는 식이철학이다. 패스트푸드에 상대되는 개념으로 이탈리아에서 시작된 슬로푸드(Slow Food)와, 지역 농수산물을 지역에서 소비한다는 일본의 지산지소(地産地消)도 유사한 것들이다. 소비자 식탁에 안전과 생명을 담기 좋은 방법들이므로 널리 권장될 필요가 있다.

파머스마켓과 농수협마트, 농가레스토랑

파머스마켓(Farmers Market)도 얼굴 있는 농수산물을 만나기 좋은 곳
이다. 농수산물은 일반적으로 도매와 소매 등 여러 유통단계를 거쳐 유
통마진이 추가되고, 이것이 가격 상승의 원인이 된다. 또한 여러 단계
를 거치다 보면 생산자를 알 수 없어 불량 농산물에 대한 책임을 묻기
어려워질 수도 있다. 반면 파머스마켓을 통한 직거래는 유통 마진 축소
로 농가가 그만큼 소득을 더 높일 수 있다. 소비자도 유통 마진 축소로
보다 저렴하게 구입할 수 있는 이점과 함께 생산자를 확실하게 알 수
있는 농식품이어서 마음을 놓을 수 있다.

파머스마켓 농수산물의 특징으로는 이렇게 신뢰성 있고 가격이 저
렴한 점과 함께 농장에서 수확한 것을 바로 가져다놓아 대체로 신선하
다는 점을 들 수 있다. 최근에는 농협 등 공공성을 띤 기관이 직접 파머
스마켓을 운영하며 잔류 농약 등을 철저히 체크해 안전성과 신뢰성을
한층 더 높이기도 한다. 아직까지는 주로 지자체 건물이나 농협 건물 주
변, 넓은 공터, 아파트 단지 등에서 주기적으로 열리거나 특별 장터 형
태로 서는데, 생산자와 소비자가 얼굴을 익히고 정감도 교류할 수 있는
공간이어서 삭막해지는 도시의 시민들에 위안이 된다.

농수협 마트는 대규모로 발달한 협동조합이 운영하는 것들이다. 이
는 파머스마켓이 제도권 협동조합 내에서 진화한 형태다. 농협은 방대
한 조직을 바탕으로 전국 곳곳에 하나로클럽과 하나로마트란 매장을
운영하는데, 이들 매장이 생산자 조합원들과 긴밀히 연결돼 있어 신선

한 우리 농축산물을 제값에 판매하는 데 기여한다. 이들 매장 역시 얼굴 있는 농수산물을 풍성하게 만날 수 있는 곳으로 각광받는다. 농수협은 좋은 농수산물 생산자에게 한 푼이라도 더 주고 소비자에게는 반대로 더 깎아주면서 수입 먹거리가 지천인 일반 대형 마트와 경쟁해야 하므로 고충이 적지 않다. 농수산물 생산자들이 수입 개방의 파고에도 불구하고 생업을 유지하기까지는 대형 협동조합들의 마트 운영이 기여한 바가 크다고 할 수 있다.

파머스마켓이나 협동조합마트에는 농가레스토랑도 들어서 있다. 이는 농어가가 신토불이 농수산물을 재료로 향토 맛을 선보이는 곳이다. 우리나라 곳곳과 일본 열도에 농가레스토랑이 많은데, 신선한 재료로 만든 토속음식을 천천히 음미할 수 있는 곳이어서 인기를 끈다. 특히 항상 바쁘게 사는 도시인들에게 농가레스토랑은 느림의 미학과 진실성을 만나고, 전통의 맛을 음미하며, 휴식을 취하기 좋은 '행복 정거장'이다.

생활협동조합 매장

생활협동조합은 영세한 규모를 벗어나지 못하는 곳들이 대부분이다. 농수협은 금융사업을 통해 얻은 수익의 일부를 생산자와 유통 현장에 투자하지만, 생협은 금융사업을 못해 그럴 여력이 없다. 생협 매장을 방문하는 소비자들은 참된 먹을거리에 대한 인식이 높다. 이곳의 주력 상품인 유기농, 친환경, 무항생제 농수산물들은 일반 마트의 상품들보다 값이 대체로 비싸다. 그럼에도 불구하고 이곳을 이용하는 것은 가족의 건강을 지키고, 생산자를 배려하며, 생태계를 보호하려는 의지가 각별하기 때문이다.

생협을 이용하는 것은 얼굴 있는 농수산물 생산을 뒷받침하는 건강밥상 운동이요, 시민지원농업에 가담하는 것이다. 이러한 생협 운동이 광범위하게 확산될 때 국민 밥상이 건강밥상으로 든든하게 거듭날 수 있다.

신자연주의
밥상

○

  '신(新)자연주의(Neo-Naturalism)'란 자연주의와 다소 다른 개념으로, 도시에서 자연주의에 입각해 사는 삶을 중시하는 새 이데올로기이다. 이는 '도시의 자연주의' 정도로 해석될 수 있다. 신자연주의 밥상은 이 신자연주의를 모토로 한다. 따라서 이는 '도시인의 자연밥상'으로 정의될 수 있다.

  자연이란 사람 힘이 더해지지 않고 스스로 존재하거나 저절로 이뤄지는 것을 뜻한다. 이는 인공이나 인위, 인조 등과 상반되는 개념이다. 결과적으로 도시적인 것과는 전혀 다르다. 자연주의는 이런 자연을 바탕으로 한 것이며, 신자연주의는 여기서 파생한 새로운 사조(思潮)다.

  오늘날 도시인들은 매일 자연과 유리된 생활을 운명처럼 반복해야 한다. 도시 공간에서는 나무와 일부 새 등을 제외하고 자연의 생물들이 대부분 쫓겨났다. 도시인은 스스로 그런 결과를 초래해 놓고 이제 와서 자연의 부재로 인한 불안감과 불편을 느낀다. 식탁에는 신선한 자연의 산물이 제대로 오르지 못하고 인위적으로 만든 음식물들이 넘친다. 그 결과 비만이 유행처럼 번지고, 각종 성인병이 수습하기 어려울 정도로 만연하고 있다. 면역력 저하로 전염병에도 취약한 신체 상태인 사람들도 많다.

그러므로 도시인들은 스스로 자초한 불행에서 벗어나기 위해 신자연주의 밥상에 관심을 가져야 한다. 이를 위해 팔을 걷어붙이고 나서 밥상에 자연적 요소를 최대한 정성껏 불러들일 필요가 있다. 그렇게 할 때 '혼돈의 밥상'이 '질서의 밥상'으로 전환돼 건강이 되찾아질 수 있다.

신자연주의 밥상은 도시인에게 필요한 것이다. 농촌 사람들은 자연이 늘 가까이 있으므로 굳이 너무 애써 자연의 산물을 추구하지 않아도 된다. 그렇게 해도 자연의 산물을 별 어려움 없이 밥상에 올릴 수 있다. 반면 현대의 도시인들은 자칫 방심했다가는 반자연적 식사로 인해 자신은 물론 가족 건강마저 한꺼번에 무너질 수 있다. 따라서 항상 자연을 향해 열린 사고를 갖고 신자연주의 밥상을 추구해야 한다.

신자연주의 밥상은 '도시'에 '자연'을 담는 것이다. 이를 위해서는 개개인이 나서는 것도 중요하지만 농협중앙회나 전경련 같은 대표성 있는 기관이 사회운동 차원에서 '신자연주의 밥상 운동'을 전개하는 것도 큰 의미가 있다고 할 수 있다. 이런 운동이 각계각층으로 확산해 큰 물결처럼 번지면 도시인의 건강이 증진되고 국가 보건비용이 크게 절감되는 일석이조의 효과를 거둘 수 있게 된다.

제철 천연 밥상

제철 천연 밥상은 신자연주의 식이철학의 핵심을 이루는 밥상이다. 제철 먹거리와 천연 먹거리의 중요성은 아무리 강조해도 지나치지 않다.

도시인들은 이들과 유리된 생활을 하는 경우가 많으므로 정성껏 이들을 찾아 나서야 한다. 요즘은 인터넷과 스마트폰 사용이 활발해 도시 복판에서도 이들을 생산하는 농장을 쉽게 알아낼 수 있다. 사랑스런 애인을 쫓듯 이들을 찾아내 밥상까지 가져와야 한다. 그럴 때 도시생활에 찌든 육체가 위안을 얻을 수 있다.

제철에 거둔 농수산물이야말로 생명이 충일한 최고 식품이다. 가을날 수확하는 사과나 한여름의 수박 등에는 생명 에너지가 터질 듯 담겨 있다. 6월에 거두는 한지형마늘과 복분자 등에는 그 계절이 넣어준 기능성 물질들이 넘친다. 고등어나 갈치 등 해산물도 제철에 잡은 것을 식탁에 올려야 싱싱한 맛과 함께 신비한 기능성을 만날 수 있다. 이들이 먹는 이의 몸에 들어가 건강과 활력으로 되살아난다. 제철 농수산물은 이렇듯 영양가 외에 생명력이 가득하다는 게 가장 큰 장점이다.

제철 농수산물은 또 계절을 앞당겨 수확하는 것과 달리 생산 과정에서 무모하거나 반자연적인 기술이 별로 적용되지 않는다. 양액을 많이 공급해 뚱뚱하게 키우거나, 성장촉진제를 사용해 조기에 성숙하게 하는 등의 반자연적 방법은 오늘날 과학농법의 우려스러운 단면들이다.

그럼에도 불구하고 도시인들은 365일 계절을 잊고 사는 터라 현대 농업의 부정적 모습들을 간과하는 경우가 많다. 따라서 제철 농수산물을 기반으로 한 신자연주의 밥상을 차리는 데 보다 많은 관심을 기울일 필요가 있다.

천연의 먹을거리도 도시인에게 소중한 양식이다. 도시의 식탁에는 아무래도 가공 식품이 상대적으로 많이 오르기 때문이다. 자연에서 얻은 식재료를 가공하면 영양성분과 기능성 물질이 줄어든다. 그 대신 반자연적인 것들이 많이 들어간다. 먹음직스러워 보이라고 발색제가 첨가되고, 향으로 소비자를 유혹하기 위해 향미제가 들어간다. 썩지 말라고 각종 방부제도 넣는다. 이들 첨가물이 천연 물질이라면 그래도 위안이 되겠지만, 대부분 화학물질이란 점이 먹는 이들을 찜찜하게 한다.

그러므로 가공식품이 주위에 있다고 해서 덥석덥석 먹지 말고 천연 식품을 찾아 나설 필요가 있다. 천연 먹을거리를 찾아 올리는 신자연주의 밥상은 이래저래 걱정되는 문제들을 비껴갈 수 있는 지혜로운 방편이다.

오색오미 밥상

신자연주의 밥상은 오색오미(五色五味) 밥상을 지향한다. 다섯 가지 색깔은 녹색, 빨강, 노랑, 백색, 검정색이고, 다섯 가지 맛은 시고, 쓰고, 달고, 맵고, 짠맛이다. 이들 다섯 가지 색깔과 맛은 도시인을 한층 더 자연 곁으로 데려가, 성인병 걸린 신체를 바로잡고 건강을 증진하는 효과를 발휘하게 된다.

녹색과 신맛은 간과 쓸개에 도움 되는 것들이다. 녹색을 바라보면 마음이 편안해지고 스트레스와 근육의 긴장이 풀린다. 신맛은 체내의 지방 성분 등 노폐물과 독소의 배출을 돕는다. 이를 통해 간과 쓸개를 편안히 할 수 있다. 빨강색과 쓴맛은 심장과 혈관에 긍정적으로 작용한다. 특히 혈관의 노폐물을 밀어냄으로써 각종 심장병과 혈관질환을 예방하는 효과를 가져다준다. 붉은 색이 출중한 비트나, 고들빼기 등 쓴맛 나는 채소, 그리고 쌉싸래한 각종 산나물과 열매들이 몸에 들어가 심장에 약이 된다.

노란색과 단맛은 위장과 췌장에 기능성을 발휘한다. 노란색 식품은 항산화 효과와 함께 우리 몸의 기초를 튼튼히 해준다. 베타카로틴이 많은 밤호박, 항산화물질이 많은 강황 등이 이 계통의 식품들이다. 흰색과 매운맛은 폐의 기능을 돋운다. 매콤하면서 흰색인 도라지, 양파, 마늘, 조선무 등이 폐 기능 향상에 좋은 식품들이다. 검정색과 짠맛은 콩팥과 방광의 기능을 높인다. 흑임자가 정력을 높인다거나, 검정콩이 콩팥 계통에 좋은 약재가 되는 것도 그런 이유 때문이다.

오색오미 밥상은 아름다운 무지개가 드리운 것 같아 황홀한 느낌 속에 눈으로도 먹을 수 있는 즐거움을 준다. 다섯 가지 색채에다 다섯 가지 맛을 골고루 갖추면 그것은 평범한 밥상이 아니라 약상(藥床)이 된다. 오장 육부 중 어느 한 쪽이 약한 사람은 그 쪽을 보강해주는 색깔과 맛을 더 올리면 좋다. 이를 테면 폐가 약한 이가 흰색과 매운맛을 더 찾아 올리고, 심장 약한 이는 붉은 색과 쓴맛을 더 먹는 식이다. 이렇게 하면 신자연주의 약상이 더욱 빛을 발한다.

신자연주의 밥상을 돋보이게 하는 색깔과 맛은 다섯 가지 이상이어도 괜찮다. 주황, 파랑, 보라 등 다채로운 색깔과 고소한 맛, 떫은 맛 등이 추가된다면 그 상차림은 더욱 빛나고, 이를 대하는 사람의 건강도 한층 향상될 것이다.

우수 농수산물 밥상
우수한 우리 농수산물 밥상도 신자연주의 밥상의 핵심 가치를 이루는 사항이다.

사람이 매일 섭취하는 농수산물은 그 자체로 맛과 품질이 좋고 위해요소가 없어야 한다. 농산물은 가족 건강을 위해 농약과 화학비료 사용을 최소화 하고, 퇴비를 넉넉히 주어 건강하게 거둔 것이어야 한다. 축산물이나 수산물도 생산 과정에서 반자연적인 방법을 거두고 항생제 사용을 최소화하는 것이 필요하다. 농산물우수관리제(GAP)나 이력추적제, 해썹(HACCP) 등을 통해 품질이 인증된 농수산물들이 품질과 안전성을 믿을 만한 것들이다. 친환경농산물이나 유기농수산물, 동물복지 축산물 등은 품질과 안전성이 더욱 강화된 우수 농수산물들이다.

신자연주의 밥상은 이들 농수산물을 식재료로 이용하는 건강 밥상이다. 그러므로 신자연주의 밥상 가족은 시장을 볼 때 이들 농수산물을 우선적으로 구입하는 습관을 들일 필요가 있다.

한편, 이들 우수 농수산물 가운데서도 제 땅에서 기른 것을 밥상에 올리는 지혜가 요구된다. 신토불이란 말도 있듯이 한국인의 체질에는 한반도의 농수산물이 잘 맞고 건강에 이롭다. 마찬가지로 동남아인에게는 훅 불면 날아갈 것 같은 안남미가 체질에 맞고, 인도인에게는 카레가 어울려 그들은 이들을 일상적으로 즐겨 먹는다. 지역에서 거둔 신선한 재료로 전통 음식을 만들어 즐기는 것은 신자연주의 밥상이 추구하는 중요한 식이철학이다.

우수한 제 고장 농수산물이 바탕이 된 신자연주의 밥상은 인간의 건강을 지켜주고 질병 예방에 도움을 주어 그만큼 병원에 갈 일도 최소화해 준다. 이는 농업인이 우수 농산물을 생산해 적절한 소득을 보장받고, 소비자는 이를 소비해 건강을 증진할 수 있는 상생(相生) 방안이다.

이렇게 할 때 우리 사회는 건강하고 행복한 공동체로 거듭날 수 있다.

굳이 산삼, 녹용을 찾지 않더라도 이들을 복용한 것에 버금가는 효과를 가져다주는 것이 우수한 우리 농수산물로 차리는 신자연주의 밥상이다.

틈새 밥상

밥상의 위험을 낮추는 가장 좋은 방법은 철저히 자연에서 식재료를 구해 올리는 것이다. 재배나 양식, 혹은 사육을 통해 얻은 농축수산물은 아무래도 많든 적든 농약이나 항생제, 화학비료 등이 투입될 수밖에 없다. 무(無)농약 농산물이나 무(無)항생제 축산물은 소비자 건강을 고려한 것들이긴 하지만, 이들도 비닐하우스를 통한 연작재배나 공장형 축산의 불안정성을 완전히 회피하지는 못한다. 그러므로 농장이나 양식장이 아닌, 자연 속에서 식재료를 구하는 것이 이상적인데, 이에 가장 좋은 방법이 틈새 먹거리인 산나물 등을 채취하는 것이다.

산나물은 밭에서 기르는 고등채소와 달리 미시 영양소를 다양하게 함유하고 있는 특징이 있다. 자연의 악조건 속에서도 저절로 생존하는 능력이 있어 그만큼 항산화물질 등 기능성 물질들도 많이 함유하는 것으로 알려진다. 따라서 이를 채취해 밥상에 올리면 이는 고등채소들이 가져다주지 못하는, 미시 영양소와 약성을 듬뿍 지닌 틈새 밥상이 된다.

봄철 돋아나는 자연의 들나물, 가을철 산이 선사하는 각종 버섯과 실과들도 틈새 밥상을 빛나게 하여 도시인의 건강을 지켜줄 수 있다. 그러므로 산야초나 버섯, 실과들이 돋아나는 계절이면 걸망을 하나 걸치고 홀연히 산과 들로 떠나볼 일이다. 아무리 도시 생활이 바쁘더라도 자주 틈을 내어 이들 식재료를 채취하고 식탁에 올리는 것이야말로 공해 시대에 무공해로 거듭나 건강을 지킬 수 있는 바람직한 방법이다. 직접 채취하러 다니기 번거로우면 제철에 로컬푸드 매장이나 파머스마켓에 들러 구입하는 것도 고려할 만하다.

신자연주의 틈새 밥상이 나와 내 가족을 각종 질병의 위험으로부터 벗어나게 해줄 수 있다.

신체면역보험
들기

○

　신체면역보험은 보험회사를 찾아가 가입하는 것을 말하는 게 아니다. 각자가 일상생활에서 면역에 효과적인 것을 찾아 실천하는 것이 신체면역보험을 드는 것이다.

　우리 몸의 면역기능이 저하되는 것은 스트레스와 수면 부족, 노화, 음주와 흡연, 잘못된 음식 섭취 등이 원인이다. 스트레스는 부정적이며 만성적으로 지속될 때 면역력을 크게 떨어뜨리고, 수면 부족은 자연 살상(NK) 세포 감소, 혈당 상승, 호르몬 분비 교란 등으로 우리 몸을 어려움에 빠뜨린다. 노화는 염증 유발 물질의 증가와 면역 세포의 감소를 초래한다.

　이와 함께 홀 푸드와 제철 음식, 생식 등을 멀리 하면 역시 면역 체계 약화로 신체가 전염성질환이나 성인병의 노예가 될 수 있다. 반대로 아래와 같은 식사법을 실천하면 면역력 높은 신체 상태를 유지할 수 있다. 이를 전 국민이 실천한다면 사회가 단체로 면역보험에 가입한 것과 같아 어떤 건강 위험이 닥쳐도 별 어려움 없이 회피할 수 있다.

가. 홀 푸드(whole food)

홀 푸드는 전체식품(全體食品)과 같은 의미이다. 이는 파셜 푸드(partial food) 혹은 부분식품(部分食品)에 상대되는 개념이다. 이는 통째로 먹을 수 있는 식품이나 통째로 먹는 식사를 의미한다. 일물전체식(一物全體食), 곧 '하나의 식품은 전체를 다 먹는다'는 말과도 상통한다. 홀 푸드에는 다양한 영양성분과 생리활성물질, 기능성 물질 등이 어떤 고차원적 균형을 이루고 있다. 인간의 건강을 위한 조물주의 배려를 엿볼 수 있는 완전식품이다. 반면 파셜 푸드는 자르거나, 나누거나, 껍질을 깎아낸 것으로 불완전식품이다. 따라서 건강과 면역력 증진을 위해서는 홀 푸드를 섭취하는 것이 중요하다.

통곡물(whole grain) 식사

1. 현미와 백미를 동시에 뿌려주면 참새도, 닭도 현미부터 쪼아 먹는다. 논에서 벼를 쪼아 먹던 습성 때문이다. 인간 이외의 동물들은 하늘이 만들어준 그대로의 것을 먹는다. 인간은 창조주가 하라는 대로 하지 않는 유일한 동물이다. 사람은 그 똑똑한 판단력 때문에 본능대로 살아가는 참새만도 못한 측면이 있다.

2. 백미는 물에 오래 담가 놓으면 썩고 만다. 생명이 있는 쌀눈(배아)을 깎아 없앤 탓이다. 반면 현미는 적당한 온도의 물에 담그면 쌀눈 부위에서 싹이 터 오른다. 이를 보더라도 현미는 생명력이 살아 있는 홀푸드이고, 백미는 생명력이 반쯤 소실된 파셜 푸드임을 알 수 있다. 모름지기 생명력 가득한 것을 먹어야 나의 생명력이 왕성해지는 법이다.

3. 현대과학이 밝힌 현미의 기능성 물질은 필수아미노산과 필수지방산, 무기질, 비타민 등의 분야에서 수십 종에 이른다. 조물주는 인간이 병에 걸려 고생하지 않게 하려고 이런 물질들을 쌀에 듬뿍 넣어주었다. 주로 쌀의 겉 부분에 이들 물질이 많다. 겉 부분을 도정해 없애버린 백미를 먹는 바람에 사람들은 질병 방어 기능을 상당 부분 상실하는 우를 범하고 있다.

4. 현미찹쌀의 기능성물질 함량도 탁월하다. 현미찹쌀도 현미처럼 필수아미노산과 필수지방산, 비타민, 무기물 등을 수십 종 지니고 있으며 전체적인 함량도 백미찹쌀보다 훨씬 많다. 그러므로 찹쌀도 깎지 말고 현미 상태로 먹는 것이 지혜로운 일이다.

5. 현미는 거칠긴 하지만 물에 24시간 불려 압력밥솥에 밥을 하면 그런대로 먹을 만하다. 그래도 불편하면 현미찹쌀을 일부 섞으면 좋다. 찰기가 감돌면서 거친 느낌이 완화돼 먹는 데 아무 불편이 없다.

6. 현미밥을 오래 먹으면 백미밥이 싱거워 맛없게 느껴진다. 특히

오래 묵은 백미밥은 모래 씹는 기분이며, 뭔가 손해가 나는 것만 같다. 현미에 풍부하게 들어 있는 다양한 영양성분과 기능성물질이 현미밥의 오묘한 맛을 창출한다. 그것은 싱싱하게 살아 있는 맛이기도 하다.

7. 현미밥은 백미밥의 반만 먹어도 배가 부르고 백미밥에 비해 탄수화물 양이 크게 부족해 다이어트에 도움 된다. 따라서 이는 세계 식량 부족 문제 해결에도 기여할 수 있는 식사법이다. 각국 정부와 비정부기구(NGO) 그리고 유엔(UN), 세계식량계획(WFP), 세계보건기구(WHO) 등의 국제기구들이 총력적으로 나서서 현미밥 등 통곡물 식사를 확산시키면 아프리카와 북한 등지의 식량난 해결에도 크게 이바지할 수 있다.

8. 고정관념을 바꾸기란 쉽지 않다. 평생 백미밥을 지은 주부에게는 현미나 잡곡밥 얘기가 귀에 들어가지 않는다. 가족 중 누군가가 잡곡을 사오라 말해도 백미 포대만 들여놓는다. 혁명에 가까운 강제성을 띠어야 문제가 해결될 수 있다. 국민 건강 증진을 위해 현미를 중심으로 한 통곡물 식사 운동을 사회적으로 광범위하게 전개할 필요가 있다.

9. 어린이의 키 성장과 건전한 신체 발육을 위해 올바른 식습관 정착이 매우 중요하다. 학교급식에서부터 흰쌀밥을 통곡물밥으로 바꾸는 혁명적인 변화가 일어나야 한다. 통곡물밥을 기본으로 한 학교급식이야말로 가장 중요한 실천 교육이다. 대한민국의 건강한 미래를 담보하는 식생활 교육이다.

10. 과학적인 영양분석 결과를 보더라도 백미와 백미찹쌀 등은 완전식품이 아니다. 수십 가지 중요 물질들을 무모하게 깎아 없앤, 고장 난 식품이다. 겉은 희멀겋지만 속이 부실한 마마보이와도 같다. 이와 달리 현미와 현미찹쌀 등 통곡물은 자연에서 햇볕에 그을리며 뛰어 놀아 가무스름하지만 면역력은 높은 어린이들과 같다. 사과 한 개가 의사를 멀리하게 한다면, 통곡물밥은 아예 병원 갈 일을 원천적으로 막아줄 수 있다.

잡곡밥 먹기

1. 겉껍질을 벗겨내지 않은 통곡물을 여러 가지 섞어 지은 잡곡밥은 지상에서 대할 수 있는 최고의 영양식이요, 건강식이다. 기왕이면 2~3가지가 아니라 10가지 이상의 잡곡을 넣은 밥을 일상적으로 즐겨 먹으면 웬만한 영양성분을 다 섭취하는 것이 되어 우리 몸은 오래지 않아 건강하고 탄력 있는 신체로 거듭난다.

2. 잡곡밥이야말로 질병을 치료하거나 예방하는 최고의 먹거리다. 율무를 일정기간 먹으면 얼굴에 난 사마귀나 발바닥에 동전 크기로 박힌 티눈도 저절로 사라진다. 붉은팥은 혈관을 청소해 동맥경화와 협심증, 뇌졸중 등을 예방하는 기능을 한다. 귀리는 필수아미노산과 칼슘이 풍부해 어린이의 성장 발육에 좋다. 수수는 폴리페놀을 많이 함유해 신체활력을 도모하고 젊음을 유지하는 데 도움이 된다. 이처럼 잡곡은 저마다 독특한 기능성과 약성을 발휘한다. 따라서 이를 10여 가지 섞은 잡곡밥을 먹으면 신체가 성벽 견고한 성채처럼 되어 웬만한 적병(질병)들을 어렵지 않게 막아낼 수 있다.

과일 껍질째 먹기

1. 과일은 대부분 과육보다 껍질에 플라보노이드 함량이 많다. 플라보노이드는 항산화, 항염증, 항당뇨, 항혈전, 항암, 신경 보호 등의 효과를 가져다주는 기능성 물질이다. 과일을 껍질째 먹음으로써 면역력을 높이고, 질병을 예방하며, 노화를 지연시키는 효과를 기대할 수 있다. 껍질을 깎아 없애는 것은 그러한 효과를 반감시키는 우매한 행위라 할 수 있다.

2. 과일은 또 과육보다 껍질에 페놀산 성분이 많다. 페놀산은 식물이 해충, 바이러스 등으로부터 자신을 보호하기 위해 만드는 물질이다. 이는 강한 항산화 작용과 함께 항염증, 항균, 항바이러스 등의 작용을 해 사람이 섭취하면 면역력이 오르고 건강이 증진된다. 특히 암, 심장질환 등 특정 질환의 발병을 낮추고, 관절염 등 염증성 질환의 증세를 완화하는 성질이 있다. 과일을 껍질째 먹음으로써 이런 효과를 배가할 수 있다.

3. 과일 껍질의 다양한 컬러는 식물이 태양광선의 스펙트럼을 받아들여 과일에 함유한 것으로 기능성이 탁월하다. 붉은 색 과일은 심장질환에 좋고 녹색은 간과 쓸개, 노란 색은 위와 췌장, 흰색은 폐와 대장, 검정색 계통은 콩팥과 방광에 각각 작용해 그 기능을 높인다. 그러므로 이들 색깔을 지닌 껍질을 함께 먹으면 같은 값으로 건강 증진 효과를 배가할 수 있는 이점이 있다.

4. 사람들은 무엇보다 먹기 불편하기 때문에 껍질을 깎아내고 과일을 먹는다. 농약 잔류의 위험성 때문에 껍질을 두껍게 깎아 없애는 이

들도 있다. 농약이 걱정된다면 일정 시간 식초 녹인 물에 담갔다가 흐르는 물에 깨끗이 씻어내면 된다. 먹기 불편한 것은 견뎌야 한다. 그것 때문에 껍질을 깎아 버리는 것은 불편과 건강을 맞바꾸는 어리석은 행위다. 불편을 다소 감수하면 껍질의 기능성 물질들이 몸 안에 들어가 나를 살린다. 또 불편감 때문에 당도 많은 과일을 덜 먹게 되어 비만이나 당뇨 등의 걱정으로부터도 자유로워질 수 있다.

채소 통째로 먹기

1. 채소도 뿌리나, 줄기, 잎, 열매, 꼬투리, 껍질 등을 가급적 함께 먹는다. 채소는 우리가 먹는 주요 부위 외에 잔뿌리나 열매 껍질 등 부수적으로 붙어 있는 것에 의외로 탁월한 영양 성분들이 있다. 이들을 불필요한 것들로 알고 요리 과정에서 없애버리는데, 그럴 일이 아니다.

예를 들어 양파 껍질은 알맹이에 비해 항바이러스 및 활성산소 제거 기능이 있는 퀘르세틴 함량이 무려 30배 이상 많고, 마늘 껍질은 알맹이보다 항산화 기능을 하는 폴리페놀을 7배나 포함하고 있다. 무청에는 무에서 기대하기 어려운 항암물질들이 다량 포함돼 있다. 사람들은 이들을 질기다는 이유 등으로 버리는 경향인데, 이는 유익한 기능성 물질들을 포기해 면역력 높일 기회를 스스로 저버리는 꼴이다.

그러므로 마늘, 양파의 껍질도 잘게 분쇄하는 등의 방법으로 요리에 함께 이용하는 것이 좋다. 마찬가지로 호박은 잎을, 상추는 두툼한 줄기를, 그리고 완두는 부드러운 껍질을 함께 식용한다. 이렇게 매일같이 채소를 홀 푸드 형태로 정성껏 다듬어 먹는 것이 신체면역보험을 드는 또 하나의 좋은 방편이다.

2. 한방에서는 채소 뿌리에 면역 증강 물질이 많이 들어 있는 것으로 본다. 그런데 현대인들은 뿌리를 직접적으로 식용하는 뿌리채소를 제외하고는 거의 뿌리를 함께 먹지 않는다. 배추나 시금치, 대파, 부추 등은 뿌리가 하잘 것 없어 보여도 이 부분이 쌉싸래한 맛과 함께 약성이 높다. 이런 뿌리도 깨끗이 씻어 먹어 신체 면역 기관의 작용에 힘을 보태줄 필요가 있다.

기타 전체식품 먹기

1. 모든 식품을 부분 식품이 아닌, 전체식품 상태로 먹어야 한다. 콩의 경우 두부나 두유가 아닌, 콩 그 자체를 먹는 것이 전체식품 식사법이다. 두부나 두유는 TV등에 아무리 좋은 식품이라 광고해도 섬유질 등이 제거된 부분식품인 것이 분명하다. 반면 콩은 단백질, 섬유소 등이 고루 들어 있는 전체식품이므로 그 자체를 먹어야 한다. 콩은 쌀밥이나 두부 등과 달리 일정량 먹으면 더 먹기 싫어지기 때문에 다이어트에도 효과적이다. 자연은 이처럼 전체식품 섭취를 통해 신체를 여러 가지로 방어해주는 신비함이 있다. 그런 면에서 된장도 콩 자체를, 그것도 발효를 시켜 먹는 것이므로 권장될만한 전체식품이다.

2. 생선도 뱃살만 발라내어 먹지 말고 머리부터 꼬리, 지느러미까지 모두 음미한다. 왜냐하면 각 부위마다 영양성분과 기능성 물질들이 서로 다르기 때문이다. 머리 부분도 주둥이, 아가미, 눈알, 뇌 등을 골고루 음미하며 식사한다. 낙지와 오징어는 먹물도 함께 먹는다. 먹물에는 이들 연체동물이 지닌 나쁜 콜레스테롤을 중화하는 기능이 있다. 이들 사

례처럼 식품은 통째로 먹을 때 건강한 식사가 될 수 있음을 자연은 말 없이 보여주고 있다.

3. 소금도 하얗고 뽀송뽀송하게 만든 정제염이나 꽃소금 대신 천일염을 먹는 게 좋다. 정제염은 천일염이 지닌 다양한 미량광물질을 대부분 제거한 것이므로 부분식품이다. 이와 달리 천일염은 정제염처럼 깨끗하지는 못해도 미량광물질들을 그대로 지니고 있어 좋다. 이들 미량광물질은 짠맛 성분인 염화나트륨이 몸에 피해를 끼치지 못하도록 적절히 방어하는 역할도 수행한다. 반면 염화나트륨이 고도로 농축된 정제염은 이같은 기능이 불가능해 건강에 해로운 결과를 가져오기 쉽다. 따라서 신체면역보험을 들려면 당연히 홀 푸드인 천일염을 가까이 해야 한다.

나. 시식(時食)과 생식

1. 늦가을 서리 맞고 자란 조선무는 약이다. 한 입 베어물면 상큼한 단맛이 웬만한 배보다 낫고 약성이 충일하다. 포도는 9월에 생명력이 알알이 터질 듯 함축된다. 제철 농산물에는 이처럼 자연이 넣어준 영양가와 약성이 넘쳐난다. 식품을 영양가만으로 평가하는 것은 어리석다. 몸에 들어가 다양한 기능성과 약성을 발휘하는 것을 염두에 두고 식품을 선택할 필요가 있다. 그런 면에서 시식은 생명력과 기능성이 왕성한 것을 먹어 우리 몸에 힘을 기르는 중요한 식사법이다.

2. 계절을 역행해 출하된 농산물은 시식이란 식이철학에 어울리지 않는 농산물이다. 비닐하우스에서 주로 양액에 의존해 시기를 너무 앞

당겨 생산하는 농산물들은 경계할 필요가 있다. 반자연적 요소가 많이 내재해 있기 때문이다. 그러므로 봄에 춘곤증을 달래주는 봄나물, 여름에 더위를 식히기 좋은 참외와 수박, 가을철 산야에 지천인 실과 등 그 계절이 인간에게 선사한 먹거리를 그때그때 감사히 먹어줄 필요가 있다. 자연은 조화롭고 신비한 운행을 통해 계절마다 적절한 먹거리로 인간의 삶을 떠받친다.

3. 겨울에는 지난 가을에 거둔 곡식과 각종 과일, 산열매 등을 먹어주는 게 시식에 부합하는 식생활이다. 가을에 거둬 말려 둔 무청과 무 장아찌, 호박과 가지 썰어 말린 것 등이 겨울철 부식이다. 갖은 양념을 한 김장김치와 동치미 등의 발효식품도 겨울을 나는 데 중요한 계절식이다. 겨울철은 날씨도 춥거니와 대지에서 먹거리가 내밀어지지 않으므로 이들을 먹으며 활동을 다소 줄여야 한다. 그렇다고 해서 겨울잠 자는 동물처럼 움직임을 중단할 수는 없지만, 활동을 너무 많이 하는 것은 자연의 이치상 맞지 않다. 여름 채소와 과일을 비닐하우스로 앞당겨 생산하고 이를 한겨울에 먹어대며 겨울을 여름처럼 지내는 것은 반자연적인 생활이다. 이런 생활이 축적될 때 몸에 이상이 오기 쉽다.

4. 생식은 신체면역보험을 드는 또 하나의 중요한 방편이다. 무엇이든 익힌 것은 식물이 죽었다는 반증이고, 그 식물이 당초 지니고 있던 생명력이 약화했음을 의미한다. 신선 농산물에는 탄수화물, 단백질, 지질, 회분, 식이섬유, 각종 당 등 기본적인 영양소 외에 각종 필수아미노산과 지방산, 무기질, 비타민, 그리고 플라보노이드, 페놀산 등 다양

한 기능성 물질들이 함유돼 있다. 이들이 음식을 통해 들어가 면역력을 높임으로써 우리 몸을 각종 박테리아나 바이러스 등의 공격으로부터 보호해준다.

그런데 불에 익힌 음식은 이같은 기능성 물질 파괴로 신체 보호 효과를 제대로 가져다주지 못한다. 따라서 우리 몸의 자연치유력을 극대화하고, 건강하고 활기찬 상태로 거듭나기 위해서는 채소와 산나물 등을 가급적 날것으로 먹어줄 필요가 있다. 생식은 바깥의 생명력을 고스란히 내 것으로 만드는 최상의 자연식이다.

그런 점에서 서양의 '5-a-day'처럼 매일같이 싱싱한 채소, 과일을 작은 접시로 5접시씩 먹는 것은 국민 건강 증진을 위해 매우 권장할만한 방법이다.

5. 신선채소와 과일은 각종 성인병과 난치병의 치료 및 예방에 도움 된다. 자연산 산나물, 들나물이나 유기농산물 등이 약이 되는 식품 역할을 함은 이미 많은 과학적 연구를 통해 입증됐다. 예를 들어 난치성 여드름은 의외로 신선 채소, 과일을 지속적으로 섭취하는 과정에서 저절로 치료되기도 한다. 그러므로 피부과 병의원만 전전하는 것보다 신선한 제철 농산물을 잘 찾아먹는 것이 훨씬 지혜로운 일일 수 있다.

다. 토종과 재래종 살리기

1. 토종과 재래종 농수산물은 겉모양이 꾀죄죄하고 먹을 수 있는 부위가 작은 것들이 대부분이다. 그러다 보니 개량종에 밀려 소비자들의 선택을 잘 받지 못한다. 하지만 이들은 다른 특성이 있다. 자연의 에너

지와 약성이 오밀조밀하게 잘 깃들어 야무지고 맛도 오묘하다. 이에 비해 개량종은 겉모양이 그럴듯하지만 맛과 약성은 떨어지는 경우가 많다.

일례로 밤은 개량종이 어린애 주먹만 해 가식(可食) 부위가 크고 때깔도 좋지만, 고소하면서도 오묘한 맛은 작고 못난 토종밤에 못 미친다. 어떤 개량종 밤은 고구마 맛만도 못하다. 토종밤은 여러 가지 기능성 물질들이 작은 몸속에서 어떤 고차원적 균형을 이루고 있지만, 개량종 밤은 부피를 억지로 늘린 것이어서 그런 차이가 날 수밖에 없다.

어린이 머리만 한 개량종 배도 스펀지 씹듯 푸석푸석하고 무 맛만 못한 것들이 많다. 성장촉진제를 사용해 부피를 키우고 정상 수확시기를 너무 앞당겨 따내기 때문이다. 재래종 배는 크기는 작아도 옹골차고 맛이 시원해 과육이 입에 착착 붙는다. 토종벼는 지나치게 긴 까끄라기 등 구구각색으로 못난 모양새를 지녔고 색깔도 다양하다. 이것으로 밥을 지으면 냄새가 구수하고 맛이 다양해, 요즘의 흰쌀밥이 그 미묘한 맛을 따라가지 못한다.

이처럼 토종이나 재래종은 겉모습은 초라해도 내면에 독특한 맛과 기능성을 알차게 지닌 것들이 많다. 무릇 사람의 생명 유지에 필요한 것은 열량만이 아니다. 열량은 개량종 식물과 가축 등을 통해서도 충분히 얻을 수 있지만, 특정 식물생리활성 영양소와 미량원소 등은 그렇지 못한 경우들이 있다. 같은 동식물이어도 맛과 생김새, 색깔 등이 상이한 다양한 것들로부터 인간은 최대한 많은 종류의 기능성, 약성 물질들을 얻을 수 있다. 그렇게 할 때 각종 전염병과 성인병, 특히 면역력 결핍으로 초래되는 각종 만성 질환들을 효과적으로 예방할 수 있음은 이미 많은 과학적 연구를 통해 밝혀졌다.

그러므로 개량종만 좋다고 먹을 일이 아니라 다양한 토종, 재래종 농수산물을 가까이하는 것이 지혜로운 일이다. 이들 토종, 재래종은 인간의 건강을 위험에 빠뜨리는 여러 가지 예측 불가능한 위험 요인을 제거하는 보험 같은 역할을 하게 된다.

2. 생물 다양성이 상당히 파괴된 현실이다. 이는 다양한 토종, 재래종이 지구에서 사라졌다는 의미이며, 인간을 예측 못한 위험으로부터 방어해줄 수 있는 다양한 수단들이 실종됐음을 말해준다. 일례로 벼는 추청벼 등 일부만 제외하고 모두 사라졌으며 참외도 개구리참외 등 중요한 토종 유전자원들이 밭에서 자취를 감췄다. 보리, 밀 등 다른 곡물과 대부분의 과일, 가축 들도 다 그러하다. 미래 세대의 평화롭고 건강한 삶을 보장하기 위해 기성세대가 토종과 재래종 복원하는 일에 많은 관심을 가져야 한다. 이를 위해 사회적, 정책적으로 거대한 토종, 재래종 회복 운동이 일어나야 한다. 생물다양성이 상당 부분 복원되지 않으면 신체면역보험 시스템을 완전하게 구축하는 데 어려움이 따를 수밖에 없다.

식품안전지수의
개발 및 실용화

○

    국민의 안전한 밥상 실현을 위해 식품안전지수(Food Safety Index: FSI)를 개발해 실용화할 필요가 있다. FSI는 글자 그대로 식품의 안전한 정도를 나타내는 지수다. 이는 안전 정도를 0~100까지 백분율로 나타낼 수 있다. 예를 들어 FSI가 100이라면 안전성이 100점이란 뜻이다. FSI가 80이면 안전성이 우수함을, 50 이하면 안전성에 문제가 많음을 나타낸다.

    FSI는 국가나 지역별로, 그리고 성이나 계층, 그룹, 연령 등에 따라 각기 달리 만들 수 있다. 또 식품의 종류별로도 운용할 수 있다.

    국가별 FSI는 유엔이나 세계보건기구 산하에 합동 전문가위원회를 두어 산출할 수 있다. 이는 각국 전문가를 위원으로 대거 참여시켜야 하며 나라별로 사정이 천차만별이어서, 도출이 어렵고 시간과 예산도 많이 소요될 것으로 예상된다. 하지만 잘못된 식품으로 인해 지구촌에 전염성질환과 비전염성질환이 만연하는 현실을 감안할 때 국제기구들이 이에 관해 특단의 판단을 해야 할 것으로 생각된다. 국제기구가 나서기 곤란하다면 그에 버금가는 역량을 갖춘 대학에서 국가별 FSI를 산출하는 것도 고려할 만하다.

한 나라 안에서는 지역별 FSI 산출을 고려할 필요가 있다. 범정부 기구로서의 식품안전위원회가 산출 작업을 하도록 한다. 예를 들면 위원회가 주요 도시별 식탁의 FSI를 산출하고 이를 토대로 도시들끼리 안전성 경쟁을 벌이도록 유도한다. 그러면 안전성이 뒤처지는 지역의 지자체와 생산자단체 등이 긴장하고, 그에 따라 안전성 지수가 상승 압박을 받아 주민의 식탁 안전성이 점점 높아지게 된다.

그룹별 FSI는 학교급식을 대상으로 하는 것이 좋은 예가 될 수 있다. 초 · 중 · 고등학교별로 학교급식의 FSI를 산출할 때는 각도 산하 식품안전위원회가 작업을 하도록 한다. 이렇게 해서 도출된 학교별 FSI는 후순위 학교의 분발을 촉진해 학교급식의 안전성을 전체적으로 향상시키는 효과를 가져 온다.

식품의 종류별 FSI도 해당 식품의 안전성을 높이는 실효성 있는 장치가 될 수 있다. 우선 돼지고기, 쇠고기, 달걀, 사과, 배, 쌀 등 품목별 FSI는 소비자 선택을 좌우해 해당 품목의 소비를 촉진하거나 반대로 감소시킬 수 있다. 또 같은 품목이더라도 지역별로 각각 FSI를 산출할 수 있다. 예를 들어 A지역과 B지역의 돼지고기 FSI를 동시에 산출하는 것이다. 이때 지수 차이가 나면 우세한 지역의 돼지고기가 상대적으로 더 많이 소비자 선택을 받게 되고, 열세인 지역의 농가는 어려움에 봉착하게 된다.

FSI는 상황에 따라 매우 다양한 형태로 개발해 운용할 수 있다. 모두 식탁의 안전성을 향상시키기 위한 조치로서 소비자로부터 각광받을 수 있다.

FSI의 부정 & 긍정 평가항목들

FSI 도출시 고려해야 할 부정적 평가항목들은 식품 생산 과정에 투입되는 농약, 항생제, 성장촉진제, 식품첨가물, 트랜스지방 등이다. 이들을 사용할 때 안전 사용기준 등을 제대로 지켰는지 여부와 식품에의 잔류 정도가 무작위 추출, 검사 등의 방식으로 확인돼야 한다. 이와 함께 식품 잔류 환경호르몬과 중금속, 곰팡이독소 등의 잔류 정도 등도 가능한 범위 내에서 체크해 안전성 정도에 반영할 필요가 있다.

부정적 평가 항목에서 빼놓아선 안될 사항들이 반자연적이거나 반윤리적인 농수산 식품 생산 관행이다. 만일 계절을 지나치게 앞당겨 생산하거나 과일 종자를 불임 처리하는 경우, 지극히 반자연적인 생산 방법이므로 FSI의 마이너스 요인으로 반영해야 한다.

농식품이 소비자 건강에 악영향을 미치는 경우도 FSI의 부정적 평가요인으로 고려할 필요가 있다. 예를 들어 당도가 지나치게 높아 비만증 등 성인병을 초래한다면, 이는 부정적 요인으로 반영해야 한다. 그 농식품이 바이러스성 전염병 확산의 매개체 역할을 했다면 이 역시 부정적 평가 항목이 된다. 식품안전위원회의 판단에 따라 부정적 평가 항목들은 세부적으로 많이 늘어날 수 있다.

긍정적 평가항목들도 FSI 개발시 반영돼야 한다. 해썹과 농산물우수관리제(GAP), 이력추적제, 유기농인증, 친환경인증, 농산물품질인증,

동물복지, 무항생제 등 공공기관의 안전성 장치를 통과한 식품들은 FSI 산출시 가중치를 높게 부여할 필요가 있다. 이와 함께 제철에 나온 것처럼 자연의 이치에 걸맞게 생산된 농수산식품들도 가중치를 적절히 부여해 긍정적 평가항목으로 반영할 필요가 있다.

식품안전위원회

끝으로 중요한 것은 식품안전위원회를 어떻게 구성할 것인가 하는 점이다. 위원회 위원을 위촉할 때는 반드시 전문가들이 분야별로 참여토록 해야 한다. 우선 과학적 관점을 중시해 안전성을 높이기 위한 각종 장치들, 즉 해썹이나 친환경농산물인증 등에 관한 과학적 식견이 탁월한 전문가들을 참여시켜야 한다. 다음으로 생산자단체나 소비자단체 관계자들도 참여토록 해 그들의 의견을 들을 필요가 있다.

이와 함께 식품안전위원회 운영에서 결여돼선 안 될 것이 윤리적 시각이다. 통상적으로 많은 위원회에서 윤리적 관점은 과학적 관점에 밀리기 십상이다. 식품안전위원회도 이렇게 운영될 경우 농수산물 생산과정에 적용되는 반자연적이고, 무모하며, 비윤리적인 기술들이 과학이란 미명하에 덮여버릴 수 있다. 이 경우 식탁의 안전성은 겉으론 아무 문제없는 것 같지만 실제론 내면적으로 상당히 무너지게 된다.

따라서 이런 위험을 방지하기 위해 반드시 윤리적 시각을 갖춘 전문가들이 위원회에 함께 참여토록 해야 한다. 윤리 전문가들이 배제된 식품안전위원회는 한 쪽으로 경도된 판단으로 인해 '밥상의 종말'을 막는 데 한계를 드러낼 수밖에 없다.

꿀통에 빠진 곤충 신세, 인간

결국 달고, 고소하고, 기름진 것을 좋아하는 인간의 그 '입'이 문제다. 그리고 영특한 척하는 그들의 생각과 얄은꾀가 문제다. 그 바람에 현대인은 저마다 꿀통 속에 빠진 곤충 신세가 됐다. 인간 곤충은 달콤한 맛에 도취해 아직도 꿀통 속에서 행복한 시간을 보내고 있다.

그러는 사이 발은 점점 더 꿀 속으로 질펀하게 빠져 들어간다. 꿀이 죽음의 뻘밭으로 돌변할 시간이 얼마 남지 않았다. 최근 밥상을 둘러싸고 벌어지는 사건들이 이를 잘 말해준다.

우리는 개인이 살고, 가족과 국민이 무탈하기 위해 밥상에 오르는 21세기 선악과들과 결별해야 한다. 주위에 식탁의 바벨탑 쌓기를 계속하는 사람들이 있다면 나서서 말려야 한다. 21세기 인간의 삶터에 에덴동산의 뱀과 같은 존재가 있다면 몰아내야 한다. 그 뱀이 선악과를 가리키며 유혹해도 넘어가지 않을 정도의 판단력과 이성을 갖출 필요가 있다.

그러기 위해서 우리는 그 위험한 '입'을 절제하고 욕망을 다스리는 지혜를 발휘해야 한다. 코로나19와 같은 재앙을 겪고도 이를 방역의 문제로만 인식하고 본질적 문제를 도외시하는 우를 범하지 말아야 한다. 코로나19가 지구촌에 엄청난 파괴력을 몰고 왔지만, 이는 대재앙의 예고편에 불과할 수도 있다. 어물거리는 사이에 밥상에서부터 인류 종말의 쓰나미가 몰아칠 수 있다. 그렇게 되면 인류는 꿀통에 푹 빠져 다시는 돌아 나오지 못하는 신세가 된다. 맛난 것만 찾는 제 입이 마침내 제 몸을 통째로 삼키는 희한한 결과가 빚어지게 된다.

이제 대자연이 인간을 위해 참고 기다릴 시간도 많이 남아 있지 않은 듯하다. 창조주가 번개로 바벨탑을 붕괴시키듯 심판하지 않더라도 대자연의 자정(自淨) 작용에 의해 일은 벌어지게 될 것으로 보인다. 이미 인류의 큰 고민거리로 등장한 각종 전염성질환과 비전염성질환의 만연은 그런 가능성의 증거들로 보인다. 현대의 아담, 이브들은 제 꾀에 넘어가 나무에서 떨어지는 원숭이 신세가 돼 가고 있다. 광관(光冠)의 바이러스는 그런 추락과 침몰의 사명을 띠고 인간 세계에 나타난 신의 사자인지도 모른다.

그러므로 밥상으로 인한 종말을 막기 위해 우리는 이제부터라도 생각과 행동을 과감히 바꿀 필요가 있다. 농장에서부터 식탁까지 모든 과정을 생태학적으로 전환하는 것이 그 대안이 될 것으로 보인다. 비용 상승이 다소 수반되더라도 우리는 그 선택을 미뤄서는 안 된다. '종말의 밥상'을 '생명의 밥상'으로 바꿔야 할 책무가 우리 모두에게 있다.

/ 참고 문헌 /

- 『과자, 내 아이를 해치는 달콤한 유혹』, 안병수, 국일미디어, 2005
- 『건강식품』, 유태종, 고려대학교 출판부, 1985
- 『내 몸의 보약 우리 농산물』, 농민신문 기획, 농민신문사, 2010
- 『국가식품성분 분석표(9개정판)』, 농촌진흥청, 2016
- 『무엇을 어떻게 먹어야 하나』, 홍문화, 거암, 1986
- 『바이러스 쇼크』, 최강석, 매일경제신문사, 2016
- 『방랑식객』, SBS스페셜 제작팀, 문학동네, 2012
- 『빅슬림 굿데이성경』, 생명의말씀사, 2008
- 『사람을 살리는 생채식』, 장두석, 정신세계사, 2005
- 『안현필의 삼위일체 건강법』 1·2·3권, 안현필, 썰물과밀물, 2017·2018
- 『양액재배 고품질·다수확·생력화의 길』, 정순주 외, 농민신문사, 1999
- 『오키나와 프로그램』, 브래들리 윌콕스 외, 박정숙 옮김, 청림출판, 2002
- 『우리가 지켜야 할 우리 종자』, 안완식, 사계절, 1999
- 『우리 몸은 아직 원시시대』, 권용철, 김영사, 2017
- 『자연식과 건강식』, 노덕삼, 하서출판사, 1993

- 『잘못된 식생활이 성인병을 만든다』, 미국상원영양문제특별위원회, 원태진 편역, 형성사, 2003
- 『장수의 비밀』, 서울대 체력과학노화연구소 · 조선일보 공동기획, 조선일보사, 2004
- 『패스트푸드의 제국』, 에릭 슐로서, 김은령 옮김, 에코리브르, 2004
- 『흙과 건강』, 알버트 하워드, 한국생명농업협회, 2005
- 『Diet for a New America』, Robbins, J, H. J. Kramer Inc., 1997
- 『Food Wars: The Global Battle for Mouths, Minds and Markets』, Lang, T and Heasman, M, Earthscan, 2006
- 『Our Stolen Future』, Colborn, T, Dumanoski, D, and Myers, J, P, The Spieler Agency, 1996
- 『Spontaneous Healing』, Weil, A, Random House, 1995
- 『World Health Statistics 2018』, World Health Organization, 2018